Red de redes

Elina Nora Dabas

Red de redes
Las prácticas de la intervención en redes sociales

PAIDOS
Buenos Aires - Barcelona - México

Cubierta de Gustavo Macri

1a. edición, 1993
1a. reimpresión, 1995
2a. reimpresión, 1998
3a. reimpresión, 2001

Quedan rigurosamente prohibidas, sin la autorización escrita de los titulares del *copyright*, bajo las sanciones establecidas en las leyes, la reproducción total o parcial de esta obra por cualquier medio o procedimiento, comprendidos la reprografía y el tratamiento informático, y la distribución de ejemplares de ella mediante alquiler o préstamo públicos.

© 1993 de todas las ediciones
Editorial Paidós SAICF
Defensa 599, Buenos Aires
e-mail: paidosliterario@ciudad.com.ar
Ediciones Paidós Ibérica SA
Mariano Cubí 92, Barcelona
Editorial Paidós Mexicana SA
Rubén Darío 118, México D.F.

Queda hecho el depósito que previene la Ley 11.723
Impreso en la Argentina - Printed in Argentina

Impreso en Talleres Gráficos D'Aversa
Vicente López 318, Quilmes, en septiembre de 2001

ISBN 950-12-3248-4

INDICE

Los autores 11
Nota aclaratoria 12

Introducción

1. La intervención en red 15
   Los inicios 15
   Las ideas 21
   La intervención 26
   Una reflexión 29
   Bibliografía 30

Parte primera. Los orígenes del trabajo en red

2. Multifamilias. Formación de redes de solidaridad como nueva alternativa en el campo de la salud y la educación 35
   Introducción 35
   Modalidad de abordaje 36
   Conclusiones 42
   Casuística 44
   Bibliografía 63

Parte segunda. Redes institucionales. Producciones en los ámbitos de salud y educación

3. La red docente en acción: intervenciones en el contexto rural 67

   I. El medio rural, *por Gerardo Bacalini y Susana Ferraris* 67
      La realidad rural 67

Situación de la educación y formación en el medio rural 70
II. La intervención en red, *por Elina Dabas* 72
    Marco de referencia 72
    Modalidad de abordaje 76
    Construcción de redes 78

Anexo de la parte segunda 91

    Planificación de una actividad no formal a realizarse
    en el bachillerato con orientación laboral Polivalente
    Nº 10 de Bonpland, Misiones 92
    Propuesta: solicitar un cargo para educación no formal 93
    Bibliografía 95

4. Crecer aprendiendo, aprendiendo a crecer.
    Grupo interdisciplinario de aprendizaje y desarrollo
    por Elina Dabas, Juana Marrón y Jaime Tallis 97
    La historia 97
    Los fundamentos 100
    La organización 103
    La tarea 104
    Reflexión final 112
    Bibliografía 113

5. Desde la comunidad hospitalaria hacia la comunidad
    educativa: grupos multirrepresentativos, *por Olga Schlosser,*
    Adela Bujman, Débora Lusthaus e Ignacio Lares 115
    De cómo la introducción pasó a ser una reflexión 115
    De cómo los primeros pasos fueron estrategias 119
    De cómo el conocimiento de las herramientas posibilitó
    las transgresiones 121
    De cómo los talleres se convirtieron
    en campo de investigación 125
    De cómo las conclusiones pasaron a ser una reflexión 130
    Una apertura posible. "Caminando juntos",
    por Olga Schlosser y Pablo Bottini 132
    Bibliografía 135

Parte tercera. La red como alternativa al desarrollo comunitario

5. Autogestión comunitaria asistida de asentamientos populares urbanos: un método de trabajo con la comunidad, *por Lucila Pucci* 139
   Introducción 139
   Los asentamientos populares urbanos 143
   Asentamientos populares y gestión urbana 145
   Autogestión comunitaria asistida de asentamientos
   populares urbanos 149
   Un método de trabajo para la actuación
   del equipo de asistencia técnica 151
   Procedimiento elemental 157
   Bibliografía 161

6. Construyendo territorios. Migración, marginalidad
   y organización social 163
   Bibliografía 175

Ignoro qué sea lo que no ha sido aún probado y lo futuro
Pero sé que a su tiempo serán suficientes y no excluirán a nadie
El que marcha hacia adelante y el que se detiene, serán tenidos en cuenta,
Nadie será olvidado.

WALT WHITMAN

A la memoria de Laura

LOS AUTORES

Dabas, Elina
Licenciada en Ciencias de la Educación. Coordinadora del Grupo de Trabajo Interdisciplinario en Aprendizaje y Desarrollo, División de Pediatría, Hospital Durand. Coordinadora de numerosos programas socioeducacionales. Presidenta de FUNDARED. Autora de artículos en su especialidad y compiladora del libro *Los contextos del aprendizaje*.

Bacalini, Gerardo
Licenciado en Ciencias Sociales. Especialista en Educación y Sociología Rural. Creador del Programa CEPT (Centros Educativos para la Producción Total), provincia de Buenos Aires. Autor de varios artículos sobre temas de su especialidad.

Bottini, Pablo
Psicomotricista. Psicólogo social. Miembro del Consejo de Redacción de la Revista *Psicomotricidad y Educación Especial*. Coordinador del Programa Caminando Juntos.

Bujman, Adela
Licenciada en Ciencias de la Educación. Directora de Escuela Maternal.

Ferraris, Susana
Licenciada en Sociología. Especialista en Educación y Sociología Rural. Coordinadora del Programa CEPT (Centros Educativos para la Producción Total) de la provincia de Buenos Aires.

Frydman, Susana
Licenciada en Psicopedagogía. Psicomotricista. Coordinadora asistencial del Equipo de Aprendizaje, División de Pediatría, Hospital Durand, Buenos Aires.

Lares, Ignacio
Licenciado en Psicología. Especialista en niños y adolescentes y familia. Ex integrante del Equipo de Aprendizaje, División de Pediatría, Hospital Durand, Buenos Aires.

Lusthaus, Débora
Licenciada en Psicopedagogía. Ex integrante del Equipo de Aprendizaje, División de Pediatría, Hospital Durand, Buenos Aires.

Marrón, Juana
Licenciada en Psicología. Coordinadora del Grupo de trabajo interdisciplinario en Aprendizaje y Desarrollo, División de Pediatría, Hospital Durand. Vicepresidenta de FUNDARED, Fundación para el Desarrollo y la Promoción de las Redes Sociales.

Pucci, Lucila
Arquitecta. Planificadora urbana. Investigadora del área de Investigaciones Proyectuales, Secretaría de Investigación y Postgrado, Facultad de Arquitectura, Diseño y Urbanismo (UBA). Jefa del Departamento de Planificación, Municipalidad de San Martín.

Schlosser, Olga
Licenciada en Psicopedagogía. Especialista en Adolescencia. Creadora del Programa Caminando Juntos. Integrante del equipo de Aprendizaje, División de Pediatría, Hospital Durand.

Tallis, Jaime
Doctor en Medicina. Especialista en Neuropediatría. Director del Grupo de Trabajo Interdisciplinario en Aprendizaje y Desarrollo, División de Pediatría, Hospital Durand. Docente universitario. Autor de numerosos artículos y libros sobre su especialidad.

NOTA ACLARATORIA

Con los autores de los artículos que componen este libro he compartido espacios de trabajo, de reflexión y de amistad. A lo largo de los años nos hemos ido reconociendo como integrantes de la misma "red", lo cual ha conformado nuestra identidad profesional y humana. La epistemología sustentada nos lleva a precisar los ámbitos y las etapas que nos posibilitaron los intercambios.

— Grupo de Aprendizaje y Desarrollo, División de Pediatría, Departamento Materno-Infantil, Hospital Carlos Durand (desde 1982).

— Programa EMETA (Extensión y Mejoramiento de la Enseñanza Técnico-Agropecuaria), Ministerio de Educación de la Nación (1989 - 1990).

— Programa Centros Educativos para la Producción Total (CEPT), Dirección General de Escuelas, Provincia de Buenos Aires (desde 1987).

— Programa Reconstrucción de Barrios, Subsecretaría de Urbanismo y Vivienda, Provincia de Buenos Aires, (1990-1991).

— Dirección de Planificación, Secretaría de Obras Públicas, Municipio de General San Martín, Provincia de Buenos Aires (1990-1991).
— APREDES (Aprendizaje y Desarrollo), Instituto de formación de posgrado (desde 1989).

— FUNDARED (Fundación para el Desarrollo y la Promoción de las Redes Sociales) (desde 1989).

— Dirección de Tierra y Vivienda, Municipio de San Fernando, Provincia de Buenos Aires (desde 1990).

Doce personas participamos en este libro. Muchas de ellas conforman equipos de trabajo, otras se conocen por haber compartido ocasionalmente algún contexto y algunas se ponen en contacto a partir de esta publicación.

Mi mayor agradecimiento a todos y un gran deseo de que esta red pueda seguir siendo convocante para la producción de nuevas ideas.

Introducción

1. LA INTERVENCION EN RED

LOS INICIOS

El tema de las redes sociales ha sido desarrollado desde distintas perspectivas y, en algunos casos, con una denominación diferente. Los recorridos previos realizados por otros brindan elementos para significar esta posibilidad de nivel de análisis de las relaciones sociales desde los nuevos paradigmas del pensamiento contemporáneo.

Si bien es imposible registrar todos los aportes al tema, sería interesante mencionar algunos de los más significativos.

Dentro del abordaje de la terapia familiar se ha remarcado tanto la función de la red social para el desarrollo y cambio de cada uno de los miembros de la familia (Sluzki, C.; Bott, E.) como la importancia de apelar a ella en la resolución de situaciones de crisis (Speck, R.; Klefbeck, J.; Maldonado Allende, I.).

Tomando como base los desarrollos dentro del campo mencionado surgen interesantes propuestas de abordaje barrial y comunitario que consideran la red un factor significativo de análisis (Elkaïm, M.; Bassinet-Bourget, M.J.; Bertucelli, S.; Fuks, S.).

Desde una perspectiva sociológica merecen destacarse los aportes que relacionan los procesos de marginalización generados en gran parte por el desempleo, la patología económica y la patología social, las crisis de identidad en las sociedades modernas con la ruptura de las redes sociales de pertenencia y la pérdida de la seguridad de los contextos locales (Castel, R.; Giddens, A.; Gueco, M.).

Dado que la temática de redes sociales intersecciona diferentes ideas y diversas prácticas, sería importante considerar las contribuciones que desde el análisis institucional y de grupos se han realizado. Desde las prácticas comunitarias efectuadas en nuestro país por el equipo de Salud Mental del Hospital Lanús, dirigido por el Dr. Mauricio Goldemberg, tanto simultánea como posteriormente algunos desarrollos han remarcado un abordaje descentrado de la función del experto, apoyándose en la capacidad autogestora de los grupos (Bauleo, A.; Baremblitt, G.; García Reinoso, G.; Flament, C.).

A los efectos de esta introducción es importante destacar que las prácticas en redes sociales que permitieron arribar a las ideas que aquí se desarrollan se iniciaron en el ámbito del equipo de Aprendizaje y Desarrollo del Departamento Materno Infantil del Hospital Carlos Durand de la ciudad de Buenos Aires.

La práctica concreta que abordamos fue el trabajo con Multifamilias, experiencia que iniciamos en el año 1983. Remarcamos esta fecha porque no fue ajena a que pudiéramos comenzar esta tarea: la restauración de la democracia en la Argentina.

Poder volver a formar un equipo de trabajo, que desde su constitución intentó resguardar el espacio para la autorreflexión, posibilitó pensar conjuntamente una práctica que desde sus inicios ofreció significativos obstáculos y descubrir en ella una trama de relaciones que no habíamos logrado visualizar antes de ese modo.

Comenzar a pensar en términos de red nos ayudaba a reconstruir nuestra propia trama social dañada, a crear dispositivos que nos permitiera elaborar nuestros miedos y ayudar a los demás a hacerlo. A desalojar de nuestro cuerpo a ese extraño instalado que nos tornaba rígidos en nuestro accionar, instaurando la desconfianza como modo básico de relacionarnos.

Luego de casi diez años de intenso trabajo, podemos escribir acerca de estas prácticas y darnos cuenta de que otros piensan parecido, compartiendo este camino de sustentarlas tanto en la capacidad autorreflexiva de las personas acerca de su accionar y pensamiento como en la organización autogestora de sus proyectos.

El trabajo con Multifamilias surgió como una modalidad "alternativa" de abordaje clínico dentro de una institución hospitalaria.

Un hecho azaroso nos posibilitó cambiar nuestra mirada sobre las relaciones que se establecían entre los consultantes. Habíamos comenzado a videograbar las entrevistas multifamiliares. Dado lo novedoso del abordaje, los coordinadores solían salir de la sala de reunión para discutir la intervención siguiente. En ese momento la grabación se interrumpía partiendo del implícito, ya que no se había acordado previamente, de que al no estar el equipo no se continuaba con el registro.

Hasta que un día el camarógrafo tomó la decisión de continuar filmando al grupo cuando los terapeutas salieran. Cuando nos encontramos con el material de esa entrevista, produjo un gran impacto descubrir las interrelaciones tan diferentes que se suscitaban en nuestra ausencia. Se combinaban encuentros para acompañar al que había tomado una iniciativa, realizaban propuestas concretas de acciones a seguir en relación con el problema que los había convocado, hablaban con una soltura que desconocíamos.

Junto con el proceso de autorreflexión que realizamos acerca de la función obturante que podemos cumplir los profesionales, descubríamos la trama de la red social. Ya no era sólo una modalidad alternativa de admisión hospitalaria, sino una posibilidad de potencializar las redes de solidaridad entre las personas que compartían problemas similares.

La difusión de la práctica con Multifamilias abrió otras instancias de inserción del trabajo en red. El alto número de consultas y derivaciones que realizaban las escuelas medias del área del hospital llevó a la posibilidad de promover entre ellas el desarrollo de redes inter e intrainstitucionales, con la participación de los distintos actores sociales.

Otra de las más significativas propuestas de desarrollar intervenciones en red fue en el ámbito de la educación rural, proponiéndose a través de ellas generar alternativas al aislamiento, desarraigo y falta de pertenencia a la comunidad que caracteriza tanto a los alumnos y a sus familias como a los docentes. Poco tiempo después la propuesta se extendió a trabajar con estas intervenciones en un programa de hábitat popular, centrando el interés en las redes interbarriales, intermunicipales e intersectoriales.

Desde distintos ámbitos de inserción —salud, educación, trabajo, cultura, justicia, hábitat—, nos encontramos con un número creciente de personas en situación de riesgo. En el panorama de Latinoamérica esto cobra rasgos propios. Resulta dificultoso clasificar las patologías: la problemática económica se entrecruza con la social y con la psicológica: el desempleo o la proximidad del mismo genera miedo, angustia y sensación de desamparo; la amenaza siempre presente de los procesos hiperinflacionarios se asocia con el incremento de la violencia, sea ésta en el interior de las familias o en las calles. Migraciones masivas del campo a la ciudad o de ciudades pequeñas a otras más grandes conllevan la pérdida de la seguridad de los contextos locales.

En estas situaciones las personas apelan a una gama de recursos para adaptarse a la nueva situación. Pero resulta más difícil su desarrollo cuando la inserción activa en la red social se ve obturada. Se va produciendo un proceso progresivo de *desafiliación* (Castel, 1991) en el cual se van debilitando los ejes que posibilitan la pertenencia.

Hemos visto surgir entonces una serie de estrategias en forma de programas diversos para el tratamiento de los problemas socioeconómicos. Programas pensados en su gran mayoría sin la participación de los beneficiarios. Es lo que Castel llama la *gestión de los riesgos sociales*, que define como el establecimiento de un perfil que ordena para las poblaciones con "nivel de riesgo" los trámites sociales que se verán obligadas a realizar (Castel, 1984). Se despersonaliza la relación y las personas se ven inmersas en contextos sumamente amplios, separados en el tiempo y el espacio.

En el mundo moderno la vertiginosidad de los cambios se relaciona con la profundidad con que afectan a las prácticas sociales y las modalidades de actuar precedentes. Los acontecimientos se van sucediendo independientemente de su accionar, y se sustituye la mirada y la conversación por expedientes, números o claves. Según Giddens, en las formaciones premodernas *el tiempo y el espacio* se conectaban mediante la representación de la situación del lugar. El cuándo se hallaba conectado con el dónde del comportamiento social, y esa conexión incluía a la ética de este último. En las sociedades modernas, en cambio, la separación de tiempo y espacio involucra el desarrollo de una dimensión vacía del tiempo. Sus organizaciones suponen el funcionamiento coordinado de muchas personas físicamente ausentes unas respecto de otras; sus acciones se conectan pero ya no con la intermediación del lugar. A esta primera característica, Giddens agrega *el desempotramiento* de las instituciones sociales. Lo define como "el desprendimiento de las relaciones sociales de los contextos locales y su recombinación a través de distancias indefinidas espacio-temporales". El desempotramiento posee mecanismos que denomina "sistemas abstractos". Estos imponen tanto medios de cambio con un valor estandarizado e intercambiables en una pluralidad de contextos (por ejemplo, el dinero) como modalidades de conocimiento técnico que poseen validez independientemente de sus ejecutantes. Estos sistemas penetran todos los aspectos de la vida social y personal, afectando las actitudes de confianza, ya que ésta deja de conectarse con las relaciones directas entre las personas.

Progresivamente se destruye la armazón protectora de la pequeña comunidad, reemplazándola por organizaciones más amplias e impersonales. Las personas se sienten despojadas en un mundo donde desaparecen rápidamente el sostén, los apoyos psicológicos (Giddens, 1992).

Este significativo aporte de Giddens no plantea de ningún modo la vuelta a las formaciones premodernas como modelos de organización social donde los conflictos y las ansiedades no existieran. Esto sonaría como un regreso a la infancia mítica.

Pero sí es importante considerar el valor de los contextos locales, de las relaciones personales, de la confianza en el otro, de la posibilidad de participación en la planificación de los programas que afectan a la vida del conjunto.

Desde estos principios la propuesta de *Desarrollo a Escala Humana* (CEPAUR, 1986) se sustenta en tres pilares básicos: la satisfacción de las necesidades humanas fundamentales, la generación creciente de autoindependencia y la articulación orgánica de las personas con la naturaleza y la tecnología. Estos pilares se constituyen con la participación de las personas, participación que según nuestra experiencia debe tener un protagonismo real que incluya la posibilidad de tomar decisiones.

Hemos visto muchos programas de "participación popular" que consisten en pedir a la gente su opinión para luego decidir a espaldas del conjunto el camino a seguir. Uno de los efectos más interesantes de este protagonismo es la transformación de la persona-objeto en persona-sujeto, con una clara visualización de sus recursos, una valorización de sus saberes y una toma de conciencia de los logros que se pueden obtener a través de la participación activa en la organización social.

Los ejes comunes que fuimos encontrando como efecto de estas intervenciones son el desarrollo de la capacidad autorreflexiva y autocrítica, una optimación de la organización autogestora y un cambio en la subjetividad de las personas, lo cual implica también modificaciones en su familia y su medio social. Este proceso de construcción colectiva posibilita la optimización de las relaciones sociales. Dicha construcción se sustenta en la acción que cada persona debe realizar en relación con el contexto social, ya que esa acción es la que lo reubica en relación con él. Pero esta acción cobrará sentido cuando se produce una toma de conciencia de cómo ésta se entrelaza con las del conjunto, produciéndose una transformación. Esto contribuye a la ruptura de mitos "familiaristas".

Consideramos que *el mito* se refiere a una serie de creencias compartidas por todos los miembros de una familia, un grupo o una organización. Dichas creencias no son desafiadas por ninguno de los involucrados, a pesar de que puedan generar distorsiones de cómo la realidad puede ser construida por otros. La lucha por conservar el mito es la lucha por conservar la relación, relación que se vive como vital.

Janine Roberts considera que los mitos constituyen parte de un proceso evolutivo que sirve tanto a funciones homeostáticas como morfogenéticas, a partir de las cuales se definen los roles de las personas que los sostienen, las imágenes de sí mismas, las experiencias históricas compartidas y las visiones del mundo fuera de las fronteras que cada grupo define (Roberts, 1989).

Al respecto Bauleo afirma que el mito construido tendrá como función que los sujetos se comporten de acuerdo con lo que él ha determinado. Dicha estructura mítica lleva en sí los aportes sociales recibidos por el grupo a través de los integrantes. En una polaridad entre *organización versus espontaneísmo* se juega el pasaje de agrupación a grupo. En esta polaridad se pone en evidencia la relación entre el tiempo social y el tiempo interno de un grupo, que dará definición a la finalidad que el grupo se plantea en relación con sus intereses (Bauleo, 1983).

Desde nuestro punto de vista los mitos "familiaristas" se basan en el espontaneísmo y conllevan la dificultad y/o ruptura de la posibilidad de organización autogestora, manteniendo la creencia de que es buena la unidad, sin dejar lugar para lo diferente, buscando líderes o conductores externos al grupo que les brindarán protección y ayuda, colocándose así en la posición de sujetos sujetados a las normas y a un destino prefijado. De todos modos organización y espontaneísmo forman un par complementario en relación con la continuidad o la desaparición de un grupo, y se interpretan primeramente según la finalidad en juego, y sólo en segundo lugar según las fuerzas exteriores.

Consideramos que la toma de conciencia acerca de la capacidad de organización influye en la apropiación de un proyecto así como el desarrollo de éste va constituyendo a aquélla.

De este modo retomamos lo enunciado anteriormente con respecto a la progresiva consolidación de formas autogestoras, que se profundizan al ser comparadas, discutidas, consensuadas y rectificadas con otros actores sociales que llevan a cabo procesos similares.

Trataremos de acercarnos al concepto de red social, que implica un proceso de construcción permanente tanto individual como colectivo. En este punto diríamos que es un sistema abierto que a través de un intercambio dinámico entre sus integrantes y con integrantes de otros grupos sociales, posibilita la potencialización de los recursos que poseen. Cada miembro de una familia, de un grupo o de una institución se enriquece a través de las múltiples relaciones que cada uno de los otros desarrolla.

Los diversos aprendizajes que una persona realiza se potencian cuando son socialmente compartidos en procura de solucionar un problema común.

LAS IDEAS

Las prácticas de la intervención en red nos llevaron a precisar conceptos teóricos que en su conjunto forman parte de la epistemología que enmarca nuestro accionar.

El primero de ellos se refiere a la *unidad biosociopsicocultural del hombre*. Hoy en día parecería de cierta ingenuidad reafirmar la unidad del hombre, la cual parece ser aceptada por todas las disciplinas científicas así como por diferentes prácticas. De todos modos cabe precisar una serie de cuestiones referidas a la aceptación de una definición independiente del contexto en que ésta se formula. Morin advierte acerca de la influencia del humanismo y del pensamiento cartesiano, que han llevado a definir como *hombre* a la persona de género masculino, blanco, que piensa racionalmente, técnico, adulto, derivándose de esta concepción una serie de subproductos sociales tales como las mujeres, las personas de diferentes grupos étnicos y los jóvenes, entre otros. Remarca la necesidad de incluir la idea de cultural en esta concepción, ya que comportamientos sociales se observan en grupos de diferentes especies animales, en tanto que ciertas construcciones tomadas como "naturales", como el concepto de raza, son netamente producto de la cultura. Afirma que la cultura domina y corrige a la naturaleza humana, tal como lo confirman los estudios que realiza la biología moderna (Morin y Piatelli-Palmarini, 1982).

En este caso es interesante citar los avances que se vienen produciendo con el Programa Genoma Humano, cuyos desarrollos abren una serie de interrogantes ético-filosóficos para la humanidad.

Piatelli-Palmarini resalta la importancia de reconstruir lógicamente un lazo de relaciones autoorganizadoras: el lazo biocultural que surge del lazo biosocial. Remarca que las aproximaciones genéticas, neurológicas, psicológicas, ecológicas, socioculturales y sociohistóricas convergen para dar consistencia y enriquecer a la vez la idea de la unidad y de la diversidad humanas. Lo característico de la organización del sistema homo es que puede generar grandes variedades de comportamientos y de relaciones sociales. Concluyen afirmando que no hay una esencia del hombre sino un sistema homo multidimensional resultante de interacciones organizacionales que presentan caracteres muy diversos.

Este es un paradigma que nos lleva a la permanente reflexión acerca de con quiénes estamos trabajando, cómo los estamos mirando, qué similitudes y qué diferencias encontramos con respecto a nosotros mismos.

Desde este punto de vista se replantea el concepto de *orden*, derivado del pensamiento cartesiano, que ha llevado a categoría la realidad en grillas explicativas. Basándose en esto, se ha clasificado a las personas, a los grupos sociales y a las comunidades, ignorando las construcciones que ellas han realizado y forzando su inclusión en marcos de referencia erigidos desde otra cultura.

Una nueva perspectiva que plantea el debate en torno de los conceptos tradicionales de determinismo, simplicidad, linealidad y reduccionismo, presentando las ideas de causalidad circular, complejidad, azar y la emergencia de lo novedoso, introduce la posibilidad de concebir la unidad dentro de la diversidad. Esto implicaría acercarse a una concepción de hombre que incluya las diferentes construcciones culturales, lo cual conlleva una permanente movilidad en la construcción del concepto.

Un segundo punto en que se basa nuestro accionar es la concepción del *cambio* como un proceso que se da en forma discontinua a través de *sistemas autoorganizadores*. Estos nuevos desarrollos nos llevan a tratar de entender sistemas ya no sólo desde la búsqueda de las relaciones sino desde el interrogante de cómo generamos nosotros ese sistema.

Pakman, en los comentarios que realiza sobre la obra de Heinz Von Foerster (1991), plantea que es importante considerar que todo fenómeno de autoorganización va acompañado por uno de desorganización en el ambiente del sistema autoorganizado. Si se lo elimina se pierde el fenómeno de autoorganización. Esto implica aceptar la capacidad de los sistemas para modificar sus estructuras cuando se producen cambios en su medio, logrando un mayor nivel de complejidad durante ese proceso y potenciando sus posibilidades de supervivencia. Dichos cambios al mismo tiempo que mantienen una estabilidad lograda con anterioridad, desarrollan modalidades organizacionales novedosas.

Diremos que todo sistema requiere de un ambiente del cual tomar pautas de orden y al cual desorganizar. Relacionando este punto con lo mencionado más arriba en torno de la concepción de orden, esta perspectiva reforma el concepto de control, ya que se aparta de la posibilidad de un camino fijo y predecible. A través del concepto de regulación se pueden concebir caminos variables e imprevisibles que reestructuran el juego complejo entre los componentes del sistema. Si entendemos a los sistemas sociales como sistemas autoorganizadores, podemos plantear que el cambio introduce un nuevo orden a partir del orden anterior, del desorden y de la capacidad de actuar como un seleccionador de elementos útiles para su estructura.

Es importante, antes de concluir este punto, hacer una referencia al concepto de *obstáculo*, resaltado dentro del campo de la epistemología por Bachelard, quien fija una nueva era en la construcción del conocimiento a partir de que la relatividad einsteniana transforma conceptos que se pensaban inmutables. Su planteo del acceso al conocimiento —hoy agregaríamos lo novedoso— a través de la transformación de los obstáculos en una posibilidad, se relaciona con otros desarrollos de esta segunda mitad del siglo que introducen la ruptura de la linealidad y la simplicidad.

Bachelard afirma que el primer obstáculo es la experiencia. Añadiría que su presencia aumenta la tensión en una persona, un grupo o una comunidad. Esta tensión introduce la necesidad de cambio en relación con las conductas habituales del sistema afectado. Dicha situación excede los umbrales de la estabilidad posibilitando el ingreso de información novedosa, que puede provenir tanto de recursos personales como del sistema social.

Un tercer punto de sustento está constituido por la comprensión de que la noción de realidad deviene de una *construcción social*, asumiendo que ésta es una perspectiva y no una "verdad". Esta concepción nos replantea la diferencia entre invención y descubrimiento. Consideramos que la gente, los grupos, las comunidades preexisten a nuestra conceptualización, ya que cuando afirmamos "ésta es la realidad", dicha afirmación se constituye en algo nuevo, algo creado, inventado, con respecto a un sistema que ya estaba funcionando. Es claro que esa nueva construcción puede coincidir con otras formulaciones, disentir de ellas o complementarlas, incluso la de los actores que vienen integrando ese sistema a lo largo del tiempo. Esto resulta un elemento significativo para reflexionar sobre la posición del que interviene en redes sociales. Esta intervención de algún modo "llega tarde" a la red, en el sentido de que ésta ya está formada. Lo que sí puede haber es, según Pakman, un hito consensual por el cual en cierto momento se reconoce un algo organizador, que en general viene asociado con un nombre.

Ese nombre ayuda a discriminar y a distinguir claramente un objeto, y a partir de ese momento puede haber un momento "oficial" de constitución de la red (Pakman, 1992).

Un operador, desde el momento en que interviene, deja de ser ajeno al sistema, incluyendo sus propias limitaciones y determinantes cuando habla de él, lo cual también lo lleva a incluir las restricciones en las premisas que determinan lo que los actores de la red cuentan acerca de sus relaciones.

Retomando los comentarios de Pakman, es interesante lo que plantea acerca de la pertinencia de las nuevas construcciones que surgen, cuando propone tomar tres parámetros: *un parámetro pragmático*, según el cual toda construcción de la realidad es pertinente tanto si posibilita una acción eficaz como si genera una diferencia observable en el operar de un sujeto, un grupo o una comunidad respecto de interacciones anteriores, significadas como ineficaces en relación con el problema planteado; *un parámetro ético*, que implica el respeto por la subjetividad, en el caso de las personas, y por la ecología, en el caso de otros organismos vivientes, y por último *un parámetro estético*, que considera los sentimientos, el movimiento de las sensaciones de malestar a las de bienestar en el núcleo considerado problemático, sabiendo que este movimiento será de hecho inestable.

Desde esta perspectiva en la interrelación compleja de lo pragmático, lo ético y lo estético se definen las posibilidades de una intervención comprometida con un propósito social, lo que Pakman denomina una labor ecológica (Von Foerster, 1991).

En cuarto lugar, tomamos como referencia un conjunto de conceptos tales como *instituido, instituyente y transversalidad*, que, utilizados desde el campo del análisis institucional, aportan elementos interesantes para reflexionar sobre las redes sociales y las intervenciones. Lourau analiza cómo la referencia a las instituciones se ha ido centrando cada vez más como la relación con lo instituido, esto es, la cosa establecida, las normas vigentes, vaciándose de la significación de instituir, en el sentido de fundar, crear, transformar un orden antiguo en otro nuevo, lo cual estaría dado por el movimiento instituyente. El concepto de transversalidad ayuda a comprender la dificultad de que las personas logren universalizar el conocimiento del medio en que viven. Se define, según Guattari, por la oposición a la verticalidad (estructura piramidal del organigrama) y a la horizontalidad (relaciones más o menos informales); la transversalidad tiende a realizarse cuando se efectúa una comunicación máxima entre los diferentes niveles y en diferentes sentidos. Se constituye en el basamento de la acción instituyente, en la medida en que toda acción colectiva exige un enfoque dialéctico de la autonomía del agrupamiento y de los límites objetivos de esa autonomía. Es la condición indispensable para pasar del grupo-objeto al grupo-sujeto, entendiendo por el primero el grupo sometido a las jerarquizaciones y a lo instituido y al segundo como el que puede abrirse a través de acciones instituyentes (Lourau, 1970, y Guattari, 1976).

Una síntesis para este tema la constituiría el aporte de Baremblitt, quien dice que "los procesos autogestores se desarrollan inmanentemente con otros autoanalíticos por los que los colectivos producen saber, conocimiento e inteligencia de sus condiciones de *vida* (dicho en el sentido más amplio) y de las transformaciones incesantes que se operan en ella en el sentido de las *utopías activas* que la orientan".

Aporta del portugués el verbo *pensamentear*, que parece prestarse para designar pensares entre pensares, otorgando movimiento y capacidad de reformulación a la acción de pensar, lo cual implica una posibilidad constante de transformación (Baremblitt, 1992).

Por último, aunque no se agotan las ideas que aportan al tema de las redes y a las intervenciones que en ellas se realizan, resulta significativo destacar los conceptos de *habitus y lógica práctica*, aportados por Bourdieu. El concepto de habitus supera la antigua oposición individuo-sociedad. Se constituye en un fundamento de la regularidad de las conductas, y ciertas prácticas son previsibles porque el habitus hace que las personas, a quien Bourdieu llama agentes sociales, se comporten de un modo determinado en ciertas circunstancias. Desde esta perspectiva el habitus tiene relación con lo impreciso, no con lo jurídico.

Por lo tanto, las representaciones de los agentes varían según su posición en la red social y según su habitus, que conforma un conjunto de esquemas de apreciación y de percepción. El habitus produce prácticas y representaciones que están disponibles para la clasificación pero que no se perciben de inmediato, salvo por los agentes que poseen el código.

En relación con el concepto de lógica práctica, ésta se halla presente en la mayor parte de nuestras acciones, ya sea tanto en lo que se hace como en lo que se deja de hacer, en la cotidianidad, la regulación de las relaciones espaciales y el hábitat, el manejo del tiempo y todo aquello que forma parte de la vida de las personas y de las comunidades (Bourdieu, 1988).

Estas ideas resultan por demás interesantes cuando reflexionamos sobre las estrategias de intervención. Muchas veces se interviene desde la lógica del discurso, ignorando la espontaneidad, lo vago, lo inasible, lo "más o menos" que observamos en los comportamientos de las personas. Esto responde a una lógica práctica, que es una lógica de producción diferente. El desconocerlo provoca situaciones de fracaso o de obturación en el trabajo en redes sociales.

LA INTERVENCION

Para poder pensar acerca de las múltiples intervenciones realizadas tal vez sea necesario precisar que se está efectuando un detenimiento en un proceso y una ubicación que intenta ser externa a él.

LA INTERVENCION EN RED 27

Por otro lado, es de desear que las ideas que se formulen acerca de la intervención sean suficientemente laxas como para posibilitar que sigan siendo pensadas y reformuladas.

Desde la perspectiva del operador, el primer paso a realizar es la *organización de la intervención*. Las redes sociales son la descripción de ciertas interacciones; en algunas circunstancias surge en algunos el intento de organizar esas interacciones.

Este es uno de los pasos estratégicos clave. Cuando pensamos en las redes, éstas se nos presentan sin bordes nítidos, pero si nos atenemos a los conceptos trabajados anteriormente esto no significa que no haya una organización previa. Como lo formula Pakman, las cosas vienen pasando de antes y es bueno recordar que el inicio de la intervención no es borrón y cuenta nueva.

Cuando las redes poseen bordes borrosos el operador suele denominarlas "redes informales", pero tal vez no sea una redundancia aclarar que estamos en presencia de un fenómeno autoorganizado. Lo que no está presente es el elemento organizador. Siguiendo nuevamente a Pakman, en el momento de la organización, ésta está trabajando junto a la autoorganización y compite con ella (Pakman, 1992).

En nuestra experiencia hemos comprobado que cuando a través de la intervención se establecen bordes rígidos a las redes, éstas volverán a su "desorganización" primigenia, experimentando una sensación de fracaso con respecto a lo que se esperaba de los integrantes. A modo de ejemplo, citamos organizaciones de base que no han consolidado suficientemente un proceso de autogestión en relación con la búsqueda de recursos para la satisfacción de sus necesidades.

Por una intervención externa a ellas, ya sea de índole gubernamental o no gubernamental, se ven compelidas a conformar una organización jurídica como condición de obtención de un subsidio, un crédito o el acceso a un servicio. Es bastante frecuente comprobar que frente a los problemas que surgen se diluye la organización de las interacciones, pero no las redes que funcionaban anteriormente. Desde el punto de vista del operador, esto suele interpretarse como el fracaso de la intervención.

Por otro lado, si al intervenir el operador se encuentra con límites demasiado rígidos, es probable que esté frente a una organización autoritaria, con procesos significativos de burocratización. Un aspecto que remarcamos en este punto es el de la capacidad autorreflexiva de pensar en el *para qué* de la propuesta de intervención, lo cual entraña el *hasta cuándo*. El trabajo con metas mínimas que se basen en los recursos, las potencialidades y la creatividad de los integrantes de la red, colabora en este proceso de dificultar la burocratización de las interacciones.

Como segundo paso, incluimos la importancia de dicha *organización en torno de los problemas* que las personas designan como tales.

Desde esta perspectiva, remarcamos que no hay diagnósticos a priori o con la exclusión de algunos de los agentes sociales, al decir de Bourdieu, involucrados.

Al mismo tiempo, al pensar la realidad como una organización compleja, consideramos que un problema definido por los integrantes es el mejor camino de acceso al crecimiento de la capacidad de autoindependencia porque su resolución hace factible la elaboración de una metodología y/o tecnología propia, conformando la posibilidad de la transformación de la persona-objeto a la persona-sujeto, a través de la autoestima lograda.

Un tercer momento está constituido por la *generación de una historia común*. Esto es el o los problemas similares que los unen, las diferencias de origen, familiares, de intereses, laborales o educativas, las migraciones, las pérdidas, los logros. También es fundamental incluir el rastreo de los resultados obtenidos en los intentos de solucionar el problema y dónde ubican los obstáculos. Es notable comprobar cómo de la diversidad de historias y situaciones se va definiendo un problema común, que es el que le da sentido a ese estar juntos.

Un aspecto importante en este proceso de construcción de una historia común es el de *explorar todas las voces y perspectivas*, recordando que las que hablan son las personas, no las organizaciones. El vecino que no quiere participar en la cooperativa, el director de escuela que rechaza la capacitación de los docentes, el médico que no quiere compartir su tarea con profesionales de otras disciplinas, el funcionario que dilata la respuesta que una comunidad necesita, el alumno adolescente rebelde a las normas, son voces que es necesario incluir de un modo u otro. Consideramos que es preponderante hacerlo en el conjunto, ya que puede expresar un punto de vista que de otro modo no existiría, al mismo tiempo que puede modificar el suyo propio.

Es entonces cuando surge en el cuarto momento la oportunidad de dar lugar al surgimiento de *propuestas alternativas*, posibilitando modos alternativos de describir y encontrar soluciones.

Sluzki las llama *nuevas historias*, las cuales surgen de las historias alternativas anteriores. Si los momentos precedentes fueron cuidadosamente trabajados, estas propuestas-historias contarán con una posición favorable de los participantes de la red.

Señala algunas características interesantes de tener en cuenta: incluyen una dimensión temporal, ya que marcan aspectos de evolución y cambio, progresión y futuro; implican una actitud constructiva; es importante que se basen tanto en los ejemplos de competencia previa demostrada como en la utilización de recursos que se poseen; dan intensidad a las conexiones con otras organizaciones del contexto; contienen reglas éticas explícitas e implícitas, tales como respeto por los intereses de sí mismo y de los otros, evitación de la opresión y sufrimiento, sentido de la responsabilidad colectiva, entre otras.

Concluye señalando que los cambios generalmente se dan fuera de la intervención, en tanto durante el lapso que ésta dura se trabaja colaborando para que cambien las historias (Sluzki, 1992).

El último momento del proceso de intervención está centrado en la *consolidación de alternativas*. Este paso es muchas veces descuidado, ya que generalmente el operador se entusiasma por los cambios que comienzan a percibirse rápidamente. Sin embargo, es fundamental dejar un espacio para este proceso. Las personas necesitan confrontar en terreno las nuevas propuestas-historias, introducir las modificaciones necesarias, probar diferentes estrategias, equivocarse compartiendo esta posibilidad con los otros; en suma, comprobar que es difícil resolver todos los problemas, pero que se puede realizar un aprendizaje social que brinde nuevas maneras de enfrentarlos.

UNA REFLEXION

El haber podido pensar en el aprendizaje desde su dimensión sociocultural posibilitó construir nuevos territorios y dejar de suscribir la práctica a un sector o a una especialidad. Al mismo tiempo, dicha práctica fue modificando nuestra manera de relacionarnos, de pensar nuestra red social y por lo tanto el compromiso ético que asumíamos.

Poder reconocernos en nuestros puntos comunes respetando las diferencias y enriqueciéndonos con lo que ellas aportan implica un desafío diario. Habitualmente los que intentamos pensar y trabajar de este modo nos encontramos con la pregunta acerca de nuestra "especialidad". Resulta difícil comprender que ésta se refiere a las personas y a las comunidades y no a un segmento de ambas.

Tal vez sea importante remarcar que la propuesta de intervención en red subraya la utilización de la preposición *en,* ya que la intervención se constituye a partir de la creación de un dispositivo donde las relaciones preexistentes se fortalecen, se potencian y modifican.

Si al finalizar nuestra intervención evaluamos que la red se ha disuelto o se ha debilitado, es importante reflexionar acerca de:
- si nuestra evaluación de logros coincide o no con la de los actores implicados en la red;
- si se ha previsto la consolidación de las nuevas alternativas generadas por el grupo;
- si la intervención estuvo centrada sólo en el tiempo, las perspectivas y los propósitos del operador.

Uno de los puntos clave de la intervención resulta ser entonces un reconocimiento certero de las redes sociales informales que todo sistema humano posee, para desde allí apuntar a su complejización progresiva.

De este modo, las redes se constituyen en una posibilidad de nivel de análisis de cómo se establecen las relaciones sociales.

Por último, se remarca que esta propuesta no busca oponer una verdad a una falsedad. Los que operamos desde ella sólo planteamos un punto de vista que deseamos que sea intensamente debatido. Creemos que por los contrastes se aprende que es más valioso saber formularse una pregunta que tener todas las respuestas, que se accede mejor a la construcción del conocimiento analizando un error que sin haberse equivocado nunca.

BIBLIOGRAFIA

Baremblitt, G.: *Saber, poder, quehacer y deseo*, Buenos Aires, Nueva Visión, 1987.
Bassinet-Bourget, M.R.: "Pour construire ensemble", en *Informations Sociales,* Montrouge, FR, Nº 1, 1988, págs. 46-56.
Bauleo, A.: *Contrainstitución y grupos*, México, Nuevomar, 1983.
Bertucelli, S.: "Proyecto Brochero", en *Documento*, Córdoba, 1988.

Bott, E.: "Family and Social Network" en *Social Science Paperbacks*, Londres, Associated Book Publishers.

Bourdieu, P.: *Cosas dichas*, Barcelona, Gedisa, 1988.

Castel, R.: *La gestión de los riesgos*, Barcelona, Anagrama, 1984.

—: "La dinámica de los procesos de marginalización", en *Topía*, Año 1, Nº 2, Buenos Aires, 1991.

CEPAUR: *Desarrollo a escala humana. Una opción para el futuro*, Santiago de Chile, 1986.

Elkaïm, Mony: *Las prácticas de la terapia de red*, Buenos Aires, Gedisa, 1989.

Flament, C.: *Redes de comunicación y estructura de grupo*, Buenos Aires, Nueva Visión, 1977.

Fuks, S.: "La corte de los milagros de Rosario", en *Perspectivas Sistémicas* Nº 5, Buenos Aires, 1989.

— : "La conexión Rosario-Berlín: una experiencia de psicología ecológica" en *Perspectivas Sistémicas* Nº 16, Buenos Aires, 1991.

García Reinoso, G.: "Admisiones grupales", en *Psyché*, 1985.

Giddens, A.: "Modernidad y subjetividad", en *Zona Erógena*, año 3 Nº 10, Buenos Aires, 1992.

Guattari, F.: *Psicoanálisis y transversalidad* , Buenos Aires, Siglo XXI, 1976.

Gueco, M.: "Keeping it in the Family", en *Social Network and Employment Chance,* Londres y Nueva York, Tavistock Pulications, 1987.

Klefbeck, J., y otros: *Network Work with Multi-problem Families in Crisis*, Estocolmo, Botkyrka, 1986.

Lourau, R.: *El análisis institucional*, Buenos Aires, Amorrortu Editores, 1970.

Maldonado, I., y otros: *Psychological Impacts of Exile. Salvadoran and Guatemalan Fam.*, Washington, CIPRA, 1990.

Morin, E., y Platelli-Palmarini, M.: "La unidad del hombre como fundamento y aproximación interdisciplinaria, en Apostel y otros: *Interdisciplinariedad y Ciencias Humanas*, Madrid, Tecnos/ Unesco, 1982.

Pakman, M.: "Fundamentos epistemológicos de la intervención en red", seminario dictado en FUNDARED, julio de 1992.

Roberts, E.K.: "Creación de mitos en la tierra de lo especial e imperfecto: leones, canastos de ropa sucia y déficit cognitivos", en *Sistemas Familiares*, Año 5, Nº 2, Buenos Aires, 1989.

Sluzki, C.: "Disrupción de la red y reconstrucción de la red en el proceso de migración", en *Sistemas familiares*, Año 6, Nº 2, Buenos Aires, 1980.
Speck, R., y Atteneave, C.: *Redes familiares*, Buenos Aires, Amorrortu, 1974.
Von Foerster, H.: *Las semillas de la cibernética*, Barcelona, Gedisa, 1991.

Parte primera

LOS ORÍGENES DEL TRABAJO EN RED

2. MULTIFAMILIAS. FORMACION DE REDES DE SOLIDARIDAD COMO NUEVA ALTERNATIVA EN EL CAMPO DE LA SALUD Y LA EDUCACION

> "A mí se me ocurrieron soluciones para algunos pero no para mí; quizás uno cuando está adentro se marea, no sabe qué hacer, pero desde afuera se puede ver mejor cómo ayudar a otro. Tal vez a otro se le ocurra cómo ayudarme a mí."
>
> CRISTINA, consultante por su hija con problemas de aprendizaje

INTRODUCCION

La experiencia multifamiliar se viene desarrollando en el marco de un programa de Salud Escolar promovido entre la Secretaría de Salud Pública y Medio Ambiente y la Secretaría de Educación de la Municipalidad de la Ciudad de Buenos Aires. En ese programa se ha destacado un área de aprendizaje llevada adelante por numerosos profesionales de diferentes hospitales que actúan en calidad de instructores, concurrentes y visitantes. Cabe aclarar que este programa incluye otras áreas, como Control de la Salud Física y Bucodental y Asistencia Social entre otras, que se desarrollan con los recursos humanos que el sistema de salud cuenta.

De acuerdo con este convenio, los doce hospitales municipales generales, los centros de Salud y Acción Social (CESACS) y los centros de Salud Mental (CSM) que de ellos dependen, deberían actuar como efectores de salud para alrededor de 450 escuelas primarias, 10.000 docentes y 250.000 alumnos. En cada hospital el programa es responsabilidad del jefe de Area Programática, quien depende directamente de la dirección del hospital, y coordina los recursos con que la institución cuenta para desarrollar el programa, así como promover el contacto activo y planificado con las autoridades de uno o más distritos escolares correspondientes al área de cada hospital. Cada distrito tiene a su cargo la administración y supervisión de 23 escuelas, término medio.

El equipo de aprendizaje anteriormente mencionado se reunió durante 1988 y 1989, con una frecuencia de un día por semana, en el Hospital Carlos Durand, sede donde se inició esta experiencia, para realizar un programa anual de capacitación y formación organizado en ateneos. Cada institución presentaba algunos de los trabajos llevados a cabo, los que eran discutidos por un profesional invitado especializado y reconocido en el tema. Se realizaron, además, cuatro seminarios teóricos cuatrimestrales (cada profesional realizó dos por año) y grupos de reflexión sobre el rol (cada uno participó en un grupo de 22 personas que se mantuvo durante todo el año). Este espacio posibilitó conformar una red asistencial, que optimizó y enriqueció su accionar.

¿Qué llevó a nuestro equipo a concebir nuevas alternativas? Los problemas de aprendizaje que conducen al fracaso escolar y a la deserción han sido uno de los principales obstáculos que enfrentamos. No sólo se encaró la tarea de formación de redes multifamiliares, sino también la conformación de redes intra e interinstitucionales a través de talleres docentes y de grupos multirrepresentativos compuestos por docentes, personal jerárquico, administrativo, padres, alumnos y miembros del equipo del hospital. En este trabajo se desarrollará sólo la primera modalidad.

Desde 1988 este programa se hizo extensivo a la enseñanza inicial municipal, y en el año 1987 se inició una experiencia de trabajo con escuelas secundarias nacionales.

La continuidad de la experiencia, su ampliación a otras instituciones hospitalarias y la profundización de los basamentos teóricos permiten hoy reformular el encuadre de la tarea planteado en un trabajo anterior.

Decidimos iniciar nuestro trabajo con una entrevista multifamiliar. Pensamos que este tipo de abordaje lograría redescubrir los recursos de autoorganización que toda persona posee, y al mismo tiempo descentralizaría la intervención directa del terapeuta.

Nos planteamos, para esta modalidad de admisión, un encuadre de cinco entrevistas semanales de dos horas de duración cada una.

MODALIDAD DE ABORDAJE

Primera entrevista

Los padres citados desconocen que la primera entrevista será multifamiliar. En principio se debió a que la citación se realiza a través de la escuela, y por problemas administrativos nos resultaba imposible notificarles previamente acerca del encuadre. Progresivamente fuimos descubriendo que el desconocimiento de un encuentro con otros producía un impacto en los pacientes, introducía una novedad y, por lo tanto, por efecto de la retroalimentación positiva podía producir un cambio en la visión del problema y en las conductas adoptadas. En el primer momento del encuentro tomamos en cuenta brindar cuidadosamente esta información:

a) Nos presentamos como un equipo perteneciente al hospital. Decimos nuestros nombres y a qué servicio pertenecemos.

b) Explicitamos nuestra relación con las escuelas, aclarando que ellos conocerán el contenido de nuestras comunicaciones con los docentes.

c) Planteamos nuestro encuadre de trabajo que incluye:

    c.1) estar presente durante las cinco entrevistas;

    c.2) contar siempre con la presencia de un adulto significativo que acompañe al niño, sea el padre, la madre, un hermano mayor, un/a abuelo/a, un/a tío/a o un/a vecino/a;

    c.3) aclarar que trabajamos con parte del equipo a mayor distancia ya que "desde más lejos a veces se puede ver mejor". En algunos momentos dialogaremos con este equipo o podremos salir a discutir afuera.

Con respecto a este último punto, producto de obstáculos de infraestructura edilicia ya que no poseemos Cámara de Gesell y trabajamos por lo tanto con un espejo virtual, hemos realizado interesantes descubrimientos. Si nos basamos en los conceptos de Bradford Keeney acerca de los dominios epistemológicos diremos que en el diálogo del terapeuta con el equipo se incluye la posibilidad de que los presentes sean observadores de los comentarios acerca de su propia producción, y que muchas veces dialoguen con el equipo y con el terapeuta acerca de estas observaciones en un interesante proceso de construcción de una realidad alternativa a la presentada.

d) A continuación generalmente formulamos la pregunta: ¿en qué creen que podemos ayudarlos?

Es notable ver cómo el primer miembro del grupo que expone su problema se dirige al terapeuta e ignora al resto, aunque los otros generalmente comienzan a aprobar o disentir con gestos. Es muy importante prestar atención a este lenguaje analógico, y a veces traducirlo a palabras del estilo: "Acá hay una señora a quien parece sucederle lo mismo", o "Creo que al señor le preocupa algo diferente, ¿me equivoco?". Es entonces cuando los otros integrantes, a la vez que cuentan sus problemas, van descubriendo semejanzas y diferencias con los demás. Como lo planteaba Mony Elkaïm, "tratamos de que los miembros de la red se compenetren de la manera como el problema de un individuo es el de un grupo atrapado en las mismas contradicciones", a la vez que rompe el aislamiento en que se hallaba al llegar a la entrevista. Un punto a destacar es que la mayoría de las veces los niños se niegan a hablar, y consideramos que se debe a por lo menos tres motivos:

a) La rotulación que traen los coloca en situación de ser examinados.

b) Responden a la etiqueta, por lo tanto no saben y/o no pueden hablar.

c) En general, sus madres y padres resultan muy eficaces para hablar por ellos.

En términos generales, creemos que los niños pueden, salvo que a lo largo de las entrevistas nos demuestren lo contrario. Por eso, desde el primer momento los desafiamos con intervenciones como: "Seguro que si les hablamos no nos contestan" o "Cómo ayudan a que mamá o papá puedan ocuparse tanto de ustedes y poco de ellos" entre otras, acordes con los elementos singulares que surjan.

La primera entrevista generalmente finaliza con la confluencia en un problema general del grupo presentado en forma de contradicción a resolver.

Cabe aclarar que al finalizar la primera entrevista multifamiliar, cada familia realiza un pequeño encuentro con profesionales del equipo donde, además de constatarse los datos enviados por la escuela, se incluyen otros como construcción del genograma, situación laboral y de hábitat, redes con la familia extensa y momentos significativos de la vida familiar. Asimismo, durante el período en que se desarrollan los cinco encuentros, cada niño realiza un control clínico pediátrico en una consulta conjunta con un pediatra y un miembro de nuestro equipo.

Segunda entrevista

Al inicio de esta entrevista, los padres suelen traer sus reflexiones acerca del problema por el que consultaron, y es notable observar cómo muchos de ellos ya traen un cambio de teoría con respecto al origen del mismo. Esto es, dejan de ubicar la causa en el niño para pensar en su propia implicación y/o en la de la escuela. Surge la referencia a ellos mismos como personas, a sus necesidades y problemas.

Durante esta entrevista, a veces mostramos a los niños algunos juegos que se hallan en un rincón de la habitación. Les proponemos acercarse siempre que lo deseen, aclarándoles que pueden ir y volver al lado de sus madres y/o padres cuando quieran. Esto les posibilita experimentar con la cercanía y la distancia, y hablar acerca de lo que sucede en esta situación. Por otro lado, brinda la posibilidad de jugar "con la mirada" sin sentirse presionados a "tener que dejar a mamá", lo que también permite a los terapeutas evaluar las posibilidades de aprendizaje de los niños a través de sus juegos, de sus conversaciones y de las relaciones con los padres.

Para los padres se abre un espacio interesante de reflexión acerca de sí mismos, espacio que progresivamente aprendimos a connotar como "peligroso", como "demasiado avanzado", ya que, primeramente aliados con el cambio, no podríamos prever el retroceso que sobrevendría en las siguientes sesiones.

Tercera entrevista

Durante esta entrevista se revierte notablemente la intervención de los niños.

Los más pequeños ocupan mayor espacio para los juegos, incrementando la participación entre ellos. Los mayores intervienen activamente en la discusión grupal, defendiendo sus puntos de vista, y muchas veces realizan observaciones a otros padres acerca de la relación con sus hijos. Es entonces cuando los padres "retroceden": vuelven a la queja inicial, incrementan su sobreimplicación en el problema y depositan la solución en el terapeuta.

Coincidimos con Ross Speck cuando habla del momento de resistencia y depresión, y de la necesidad de que el equipo preste ayuda para recrear cierto sentimiento tribal y la polaridad de los puntos de vista para movilizar la resolución de las contradicciones que se presentan.

Al final de esta entrevista planteamos a los niños la posibilidad de que aquellos que lo deseen o se animen puedan trabajar en una sala diferente durante la sesión, observando:

a) Si aceptan o no.

b) Si la aceptación o el rechazo se correlaciona con la respuesta de los padres.

c) Si los niños aceptan, preguntamos a los padres qué quisieran hacer ellos mientras los niños les ceden todo el espacio. Generalmente surgen respuestas novedosas, como una "mateada" o enseñarse entre ellos alguna labor.

d) Si los niños no aceptan lo sugerido, planteamos propuestas a ambos discutidas o negociadas entre ellos.

e) No se ha presentado la situación de que los padres rechacen la idea de los niños. En realidad, la aceptan porque eso "debe ser bueno", resignándose a no mirar, ni controlar, sacrificio que siempre connotamos positivamente.

Tal vez sea importante aclarar el objetivo de esta propuesta. Recordemos que trabajamos en un programa de salud escolar, y los niños que entran en él han fracasado en su inserción en un contexto extrafamiliar.

Sin desconocer las múltiples situaciones que involucran al sistema escolar en este problema, pensamos que la salida del grupo familiar al mundo externo, la sobreimplicación con la madre que deja de sentirse útil cuando su hijo ya no requiere una extrema dependencia con ella, el consenso social que señala a la madre como responsable en lo que atañe a la educación del niño y a los problemas con la escuela, el hecho de que la mayor parte de los adultos que concurren son madres de los niños, nos llevó a plantear esta propuesta como campo experimental de las separaciones, reencuentros y hallazgos de espacios para "aprender a pensar", tal como lo definió una de sus integrantes.

Consideramos que los aportes sobre las investigaciones de género brindan un sinnúmero de elementos para enriquecer nuestro trabajo.

Cuarta entrevista

Algunos equipos han incluido entre la segunda y cuarta entrevista multifamiliar una visita a la escuela de cada niño y una entrevista con el docente, lo cual distiende en muchos casos la situación escolar. Por otro lado, al encararse tanto la visita como la entrevista desde una perspectiva sistémica, este abordaje permitió multiplicar los efectos de la intervención.

Durante este encuentro se fortalecen los lazos entre los participantes. Se puede observar cómo los adultos comienzan a ocuparse de otros niños que los propios, a contar sus historias de vida como una ayuda para algún miembro, tomando una participación mucho más activa que la del terapeuta.

Remarcamos que la siguiente será la última entrevista de este grupo y les proponemos que piensen si estos encuentros fueron de alguna ayuda y cómo les gustaría seguir.

Quinta entrevista

Cuando iniciamos nuestro trabajo con redes multifamiliares, no podíamos comprender que con los extraordinarios cambios que habían acontecido durante los cuatro primeros encuentros, los pacientes se mostraran enojados con nosotros en la última entrevista, a la par que aseguraban que nada había mejorado. Era así como se producía una especie de escalada entre ellos y nosotros, donde los terapeutas personificábamos el cambio y los pacientes la estabilidad. Cuando comprendimos más claramente la dialéctica entre ambos, pudimos operar con mayor flexibilidad, no sólo en el cierre de este proceso, sino en las múltiples aperturas. Junto con los pacientes planeamos nuevos encuentros de la red, donde a veces suelen encontrarse con otros que han realizado este proceso en otros grupos. Simultáneamente, realizamos algunas entrevistas familiares y/o algunos de los niños concurren a grupos de tratamiento.

Generalmente, en el inicio de la quinta entrevista se percibe un clima de poco entusiasmo en los padres, con dificultad de participar, como si el hecho de ser la última significase algo así como "para qué voy a hablar, si total nadie me va a solucionar los problemas".

Los niños en general se muestran más dispuestos a colaborar. Por lo general, preguntamos si ellos creen que estos cinco encuentros fueron útiles ya que, según nuestra experiencia, muchos pacientes los consideran insuficientes y que en realidad les han servido de muy poco. Esto lleva a los pacientes a reflexionar y encontrar algún mínimo cambio.

Algunas de las expresiones que hemos recogido son:

—"Por el hecho de venir acá, mis problemas no se van a terminar si yo no hago algo para solucionarlos".

—"Para mí fue un desahogo poder venir, hablar y contar a los demás qué me pasaba".

—"Poder escuchar el problema de otras personas hizo que me diera cuenta cuánto más fácil es poder pensar una solución para los otros que para mí, por lo tanto lo mío no era tan difícil".

—"Es bueno saber que hay un día en que uno viene acá y otro me va a ayudar diciéndome si estoy equivocada y cómo debo tomar mi problema".

—"Cuando nosotros salimos de acá podemos juntarnos y seguir ayudando a la que más necesita".

—"Además de ser un grupo donde venimos por nuestros hijos, éste se ha hecho un grupo de amigos, amigos que se ayudan".

—"Si uno tiene un problema con una maestra y no se anima a enfrentarlo solo, puede pedirle a otros padres que tienen el mismo problema que lo acompañen".

CONCLUSIONES

Apoyándonos siempre en la premisa de que la realidad se construye en la interacción de los grupos sociales, consideramos que la intervención en red y el "efecto de red" constituyen una modalidad participativa, pensando que la formación de redes sociales podría favorecer la resolución de problemáticas comunes que aquejan a una comunidad, a una institución o a un grupo de sujetos, en tanto que los miembros de la red comprendan que el problema de un individuo es el de un grupo atrapado en las mismas contradicciones.

Basados en el trabajo desarrollado desde 1981 en el Equipo de Aprendizaje de la División de Pediatría del Hospital Carlos Durand de la ciudad de Buenos Aires con niños y adolescentes con problemas de aprendizaje, hemos observado que el efecto de las redes que se establecen entre las familias con poblemáticas comunes favorece el intercambio y la reorganización de modelos de vida cotidiana.

Apoyamos estas observaciones en los aportes de dos corrientes epistemológicas importantes en este momento: la epistemología genética y la epistemología sistémica.

Si pensamos que la construcción de realidades alternativas en la terapia familiar posibilita que funcionen como un nuevo contexto de aprendizaje, se abren las posibilidades de ensayar otras conductas y se puede elegir entre repetir o cambiar.

Siempre la construcción de la realidad toma en cuenta las costumbres, los valores, los mitos y tabúes de los grupos, y es a partir de entonces cuando un grupo se propone una realidad alternativa, facilitando de esta manera el desarrollo de un consenso que pueda proveer la base para nuevas reorganizaciones. Las intervenciones que faciliten el desarrollo de este tipo de consenso rescatan las diferencias y el disenso, al mismo tiempo que posibilitan la creación de un nuevo contexto de acuerdos que ubican a los participantes en un nuevo nivel evolutivo. Estas intervenciones se apoyan en una perspectiva constructivista, y asumen que la realidad no es única.

Los desarrollos de la epistemología genética nos permiten rescatar el papel que el conflicto, producto de los desequilibrios en las estructuras adquiridas por el sujeto, posee para el proceso de construcción del conocimiento, entendido como creación de lo novedoso. Este se basa en los recursos que los sujetos tienen y que, al compartir con otros sujetos, se potencia para producir la generación de otros nuevos.

Los aportes que realiza la teoría general de los sistemas han permitido efectuar importantes avances en el campo de la terapia familiar en particular, y en el campo de los sistemas sociales en general. Uno de los aportes significativos es el del físico Ilya Prigogine (premio Nobel de 1977) junto con los de la Segunda Cibernética. El concepto de respuesta de evolución propuesto por este físico muestra que la evolución de un sistema no sólo está relacionada con una ley general, sino también con las propiedades intrínsecas del sistema, tales como la naturaleza de las interacciones entre sus elementos. Se describe un principio metódico básico no equilibrado que gobierna la promoción y el desarrollo de los sistemas, ajenos a una causalidad lineal.

Esta corriente acuña la idea de un orden a través de las fluctuaciones, y pone el acento en los cambios discontinuos. Estas fluctuaciones pueden amplificarse en situaciones específicas, hasta el punto de que un sistema se transforme en una organización nueva y cualitativamente diferente.

Otro novedoso aporte está constituido por la teoría de las catástrofes desarrollada por el matemático René Thom. Esta teoría se esfuerza por describir las discontinuidades que pudieran presentarse en la evolución de un sistema. Se admite que la evolución global de un sistema se presenta como una sucesión de evoluciones continuas, separadas por saltos bruscos de naturaleza cualitativamente diferente. Los saltos hacen que se pase de un sistema a otro, y en determinadas circunstancias no se puede excluir que un número finito de sistemas no sea suficiente para describir la situación por completo.

Desde esta perspectiva pensamos que la red, en su estructuración, implica una situación de desequilibrio, ya que plantea una ruptura de los modelos conocidos que tienden a la homeóstasis. La red liberaría otros canales de comunicación y ensancharía así el campo de posibilidades.

CASUISTICA

Hemos intentado sintetizar los tramos principales de la interacción de las familias consultadas entre sí y con la coordinación. Como todo recorte implica la elección del que observa, es probable que falten algunos momentos valiosos, ya que los seleccionados no son sólo una descripción sino también una explicación de la dinámica desde el punto de vista del observador.

La línea de puntos indica una interrupción de la secuencia y el pasaje a otra.

Una mención especial a las familias que nos permitieron registrar su trabajo en estos encuentros:

—Olga y sus hijos Daniel, Omar y Pablo; Cristina y sus hijos Paula, Laurita y Ricardito; Marta y su hijo Emanuel; Teresa y su hijo Martín; Andrea y su hijo Juan, y Carmen y sus hijos Yanina, Jessica y Nahuel.

El equipo de coordinación del encuentro estuvo integrado por Elina Dabas, Belén Jáuregui y Alejandra Tornatore; el equipo "a distancia", por Susana Frydman, Adriana Quintillán, Leticia Polakoff y Marina Coefman.

Nuestro agradecimiento a Ricardo Cabana por la minuciosa videograbación de las entrevistas y a Florencia De Cristóforis por el empeño y paciencia puestos en desgrabar los diálogos y registrar la riqueza del lenguaje gestual.

Primera entrevista, 15-9-88

Coordinadora: Buenas tardes, mi nombre es Elina Dabas. Pertenezco al equipo de Aprendizaje que trabaja en la División de Pediatría de este hospital. Trabajamos con las escuelas que pertenecen a los distritos séptimo y octavo, que son las más cercanas al hospital. Cuando desde la escuela piensan que algún chiquito tiene un problema, lo derivan a nuestro equipo, junto con el informe que ustedes trajeron, para ver en qué podemos ser útiles, en qué podemos ayudarlos. Trabajaremos todos juntos. Ustedes y nosotros, los que estamos acá en la ronda y los más alejados que nos ayudan a pensar, a lo largo de cinco encuentros, los días jueves en este horario. Es importante que no falten a ninguno, y si alguno no puede concurrir con el niño, puede reemplazarlo cualquier otro adulto cercano a la familia. Finalizados los encuentros, enviamos un informe de las conclusiones a la escuela, que conocerán previamente. Nos dirán cuáles son los problemas que los traen...

Olga (*mirando a la coordinadora*): Soy la madre de Daniel, su problema es que es muy distraído. La señorita lo reprende porque es muy distraído, dice que vive en la Luna, a mí también me lo hace y no sé por qué me lo hace...

Coordinadora: Perdón, no entiendo bien, ¿qué es lo que a usted también le hace?

Olga: De ser muy distraído.

Coordinadora: ¿Es muy distraído o se hace el distraído?

Olga: Es distraído, yo me doy cuenta al hablarle, le digo algo dos veces y él se da vuelta y me dice: "¿Sí?". Cuando está mirando televisión, lo que sí le atrapa es la ciencia ficción, ahí no se pierde ningún detalle, pero con el tema del colegio... Cuando nos ponemos a estudiar los dos, porque yo estoy haciendo el colegio de nuevo, ahí ya es otra cosa...

Coordinadora: O sea que usted pertenece al sindicato de los papás que están haciendo el colegio de nuevo (*la coordinadora mira a los otros presentes y al observar gestos de asentimiento en los otros padres realiza un comentario*). Hay unos cuantos más, parece...

Cristina (*mirando a la coordinadora y a otros padres*): Sí, soy la mamá de Paula, y a mí me pasa lo mismo. Yo le digo a mi marido de hacer un curso de matemática para explicarles, pero yo no sé qué hacer, cuando no les entra, no les entra.

Coordinadora: Conocemos ya a la mamá de Daniel y a la mamá de Paula, pero a los chicos ni los escuchamos. Pero nosotros ya sabemos que ellos al principio no hablan, nos miran de reojo, se ríen, dejan que las mamás vayan al frente y hablen por ellos.

Carmen (*sentada frente a la coordinadora, mirándola sólo a ella*): Ella repitió el año pasado (*refiriéndose a su hija Yanina*). Está en un grado de recuperación, pero su cuaderno es muy prolijo, ya fue a una psicopedagoga porque tiene un pequeño problema pero tiene posibilidades de pasar, y por eso la maestra me dijo que la traiga al hospital.

Coordinadora: Si escucho bien, es la maestra la que ve un problema, no usted.

Carmen: Sí, es cierto, yo como madre no lo veo.

Coordinadora: ¿El año pasado tampoco?

Carmen: Un poco más, a fin de año se quedó en los números, los chicos iban por el 100 y ella por el 20, pero yo miro su cuaderno y sabe leer, escribir, decenas, centenas. En ese sentido está bien encaminada.

Coordinadora: Así que a usted no le pasa lo mismo que a la mamá de Daniel y a la mamá de Paula. Es distinto, usted no ve el problema que ve la maestra. ¿Qué es lo que la maestra ve?

Carmen: Dice que se confunde en las palabras "da" y "ba", escribe todo al revés, se bloquea (*lo dice recordando con mucho esfuerzo las palabras de la maestra*).

Coordinadora: ¿Y eso usted lo ve en el cuaderno?

Carmen: No... Aparte ella escribe, copia lecturas, escribe dos o tres hojas en un día y sin faltas de ortografía.

Coordinadora: ¿Está preocupada? Porque yo la noto muy preocupada.

Carmen: Sí, estoy preocupada, no puede ser que repita y repita, tiene 8 años y empezó a los 6, y yo ya no sé de quién es la culpa, si de la nena o del colegio...

....

Coordinadora: Daniel, ¿hay algo que vos quieras decir para que podamos ayudarte? (*no contesta*). Entonces, suficiente con lo que dijo mamá (*mirando a la otra coordinadora*). Me parece que me equivoqué, a los chicos no hay que preguntarles.

Teresa (*la madre de Martín presenta el problema de su hijo*): Es muy tímido, casi nunca habla, pero su problema es no ubicarse en el espacio, le da lo mismo escribir en esta hoja que en la de allá...

Coordinadora: Porque a lo mejor no es un problema sino que está aprendiendo cómo ubicarse. Martín, ya nos avisaron que sos muy tímido, pero igual te voy a preguntar: ¿hay algo que quieras decir? (*niega con la cabeza*). ¿No? Ahí Yanina dice que no, tampoco. (*Yanina, sentada al lado de Martín, niega con su cabeza, antes de que la coordinadora le pregunte. Casi como en una reacción en cadena, los otros chicos van negando la posibilidad de contestar, moviendo sus cabezas. Esto provoca risas en los adultos.*) Quería preguntarle al equipo que está más lejos qué observaron para que nos den alguna idea.

Equipo: Esto de que los chicos no quieren hablar suele pasar casi siempre, pero me quedé con una duda, porque de acá parecía que algunos tenían ganas. La otra duda que tengo es cuántos padres están en el sindicato de los que hacen otra vez la escuela, y si hay otros que prueban otros caminos.

Coordinadora: ¿Otro camino para qué?

Equipo: Un camino para ver cómo ayudar de una forma mejor, por ejemplo hay algunos que están de acuerdo con lo que dice la escuela, otros no.

Coordinadora: Quisiera saber si algo que vi desde acá también se vio desde ahí (*dialogando con el equipo*). Yo veía madres y padres con dos trabajos: el trabajo de ser mamá y ser papá y además esta forma de ayudar, de tener que ser un buen maestro, de tener que aprender de la maestra cómo enseñarles a los chicos y me producía cierta admiración, porque hoy en día con lo difícil que es llevar una casa adelante, criar a los hijos, toman otro trabajo más. Podrán ellos ver que estos chicos tan lindos que tienen decidieron sacar la tarjeta del mismo club, del club de los que no hablan, de los tímidos, de los distraídos.

Cristina (*asintiendo*): Los chicos no quieren escuchar, yo veo que las maestras no tienen mucha comunicación con los chicos. La maestra de mi hija, que es de las maestras que a mí me gustan, les habla, les comenta y a mi hija eso le fastidia, y yo le digo que eso le molesta porque no está acostumbrada, pero creo que ésa es la forma de aprender. Yo veo mal cuando les dicen: "Investiguen tal cosa"; no tengo libros, ¿de dónde van a investigar?, ¿adónde tienen que ir? A la biblioteca, que queda a quince cuadras y yo siempre no los puedo llevar y si no cómo van, cómo buscan, no saben porque nadie les enseñó cómo...

Coordinadora: Al escucharlos a ustedes y al equipo se me formó una imagen, una fotografía, ¿me ayudan a armarla? Venga Cristina, a ver si podemos armar como si fuera un trencito, acá el vagón, la locomotora, sería la maestra, que es la que enseña, ¿me ayuda Marta? Tómese de Cristina; ustedes representarían a las mamás que intentan subirse al mismo tren y no perder el ritmo. ¿Algún chico me va a ayudar? Ah... Yanina (*la ubica detrás de Marta*), los chicos van en el vagón de cola. La maestra aparentemente lleva el carro, la mamá trata de no salirse de la vía y los chicos van agarrados al vagón de cola. (*Queda armado un trencito que representa: Maestra = locomotora; mamás =vagones del medio; chicos = vagones de cola.*)

Y en realidad el vagón de cola es el que va más cómodo porque la fuerza viene de la locomotora. Por lo que contaban Marta y Cristina, hay maestras que no tiran tan fuerte del carro, entonces la mamá empieza a tirar de él (trencito: mamás = maestras - chicos), pero los chicos quedan siempre en el vagón de cola (*dirigiéndose a cada chico*). El tema es cómo Daniel, Martín, Yanina, Emanuel, Paula puedan llegar a dar vuelta el tren y llegar a ser ellos locomotora.

Equipo (*a modo de coro*): Ah, no, no creo, eso es muy difícil...

Coordinadora: Claro, porque mientras los chicos tengan una mamá o una maestra locomotoras, les va a resultar bárbaro ser vagón de cola, ¡es tan cómodo!

Segunda entrevista, 22-9-88·

Se incorpora una nueva familia: Andrea y su hijo Juan, los cuales habían llegado tarde a la entrevista anterior.

Coordinadora: Quisiera saber lo que les resultó más significativo de la reunión anterior, cómo se fueron, qué les pareció más importante. Así también sirve para que la señora y Juan se enteren de lo que estuvimos viendo.

Cristina: A mí me pareció que una reunión así a uno lo relaja, ve que hay otros que están como uno, que no es el único. Hablando con una mamá que me dice que ella no cree en la psicopedagogía, yo le digo que uno saca muchas cosas, conclusiones. La vez anterior, a mí se me ocurrían soluciones para algunos pero no para mí, quizás uno que está adentro se marea, no sabe qué hacer, pero desde afuera se pueda ver mejor.

Coordinadora: O sea que para usted las otras mamás son como para nosotros el equipo: le ayudan a ver de lejos.

Olga (*se ríe y asiente*): Dani me dijo al salir: "Mamá, estas doctoras no pinchan". Antes de venir yo también pensaba que ustedes eran más exigentes, con la criatura y con las mamás, como que me iban a decir que yo era la que fallaba, después veo que el poblema que yo tengo, que no puedo salir adelante, lo tienen otros; eso me hace sentir que hay cosas más grandes en él (*señala a su hijo*).

Coordinadora: Cuando usted dice cosas más grandes, ¿se refiere a que Dani puede más de lo que usted creía?

Olga: Claro, creía que Dani no iba a poder salir adelante nunca y me doy cuenta de que no es así, que con ayuda voy a poder sacarlo adelante y él también podrá. Escuchando a otras mamás veo que se puede solucionar el problema, creo que voy a poder solucionarlo; el mío no es más difícil.

Marta: Es positivo este encuentro, deja como más tranquilidad, uno piensa: "Me van a ayudar, no voy a estar sola para resolverlo", se comparte. Uno se da cuenta de que aparte del problema que tiene, cuando hicimos el trencito, que los chicos como vagón de cola estaban tranquilos, yo me puse a analizar muchas cosas esta semana y hay mucho que se puede ir vislumbrando.

Coordinadora: ¿Qué quiere decir que están tranquilos? ¿Podrá contarle a la señora que no estuvo y no vio el tren?
Marta: Se hizo un trencito con la maestra de locomotora, la mamá y el chiquito de vagón de cola; después vimos que no siempre la maestra tiene fuerza para ir de locomotora y le deja el lugar a la mamá, pero el chico sigue siendo el vagón de cola: es lo más fácil, la mamá o la maestra le resuelven los problemas. Para mí fue importante porque hay cosas que yo veo que hago por él.
Coordinadora: Vamos a decirles algo a los chicos, que no hablan pero escuchan: nosotros trajimos unas cosas para que ustedes puedan hacer lo que les guste con ellas y Adriana y Alejandra los van a acompañar. El que quiera puede acercarse (*señala unos juguetes que otra coordinadora está colocando sobre el piso, fuera de la ronda en que se está conversando*). Juan, es la primera vez que vos estás acá, si querés podés ir, ver y volver, no hace falta que te quedes, tomáte todo el tiempo que quieras. (*Todos los chicos se dirigen al lugar señalado, menos Martín y Juan.*) (Dirigiéndose a la otra coordinadora) Lo que decías vos, Belén, es cierto, los chicos hoy están distintos, mi sensación es que la otra vez no escuchaban nada y hoy escuchan. Juan está viendo qué es esto de reunirse con tanta gente. A las mamás también las veo cambiadas; por ejemplo, a Carmen, que aunque tuvo que venir con los tres chicos, está más arreglada, mejor peinada (*Carmen se sonroja y se arregla el pelo*), ¿le da vergüenza, Carmen? (*risas*).
Carmen: Un poco. La mujer es como un androide en la casa. Va de aquí para allá como un autómata. "Ma, vení", "Carmen, el nene llora", "Mamá, tengo hambre". ¿Cómo voy a fijarme en el peinado?
Olga: Lo que pasa es que uno no sabe cómo hacer con el tiempo, por ahí hoy me arreglé porque hice las cosas de la casa más rápido, otras veces me tengo que apurar para no llegar tarde; depende del día. Igual uno se levanta y no sabe a qué hora se acuesta, hasta que esté todo terminado y uno ya no da más. Hasta la nena más grande me llama a la noche: "Ma, vení que no nos vimos en todo el día, vamos a conversar", ella se desahoga en mí, me cuenta lo que hizo pero yo no tengo a quién contarle lo que me pasa, sólo cuando veo a alguna amiga, pero si no…
Coordinadora: Es interesante esto que cuentan, ¿a muchas les pasa esto de ser las primeras y las últimas?

Cristina: A mí sí me pasa, y a veces también a la madrugada, que un chico está enfermo, que le duele algo, que quiere agua o que llora y mi marido nunca va, me llama a mí, "Dale, a ver qué les pasa" (*hace un gesto con el codo, como si empujara a alguien que está a su lado*).

Carmen: Igual que el mío, nunca sabe él lo que les pasa a los chicos.

Marta: Es cuestión de hacerse la dormida (*risas*).

Olga: Yo creo que el hombre también tiene que hacer estas cosas. Mi marido si tiene que cocinar porque yo estoy ocupada, cocina.

Teresa: Yo estoy todo el día en mi casa, porque mi marido no vuelve hasta la noche, y soy la primera y la última todos los días.

Coordinadora (*a Teresa*): Le noto como una mirada de cansancio.

Teresa: Sí, esta semana ha sido muy agitada para mí, con Martín, de no dormir, que tenía que estar temprano en la escuela, en el hospital para las audiometrías.

Marta: Yo tengo de la una a las tres libre, el chiquito que va a preescolar, los demás van al colegio, entonces una vez por semana voy con mis amigas a hacer yoga y cuando tengo tiempo, si está lindo el día, voy a pasear.

(Los chicos, que hasta ahora estuvieron jugando, vuelven a sentarse en la ronda con las madres.)

Coordinadora (*dirigiéndose a los chicos*): Los veo muy animados, ¿tienen ganas de contarnos lo que estuvieron haciendo?

Daniel: Armamos un zoológico con muchos animalitos.

Emanuel: Sí, y también con maderitas.

Yanina: Nosotras jugamos a pasear, ella (*señala a Paula*) tenía una muñeca que era su bebé, y conversábamos y fuimos de visita al zoológico...

Coordinadora: ¿Y cuándo les gustó más: hoy que estuvieron jugando allá o la otra vez que estuvieron acá sentados?

Emanuel: No sé.

Coordinadora: Bueno, tomáte todo el tiempo que quieras para decidir. ¿Podrán pensar para el jueves que viene qué les gustó más, si estar con las mamás o con los chicos?

Yanina: A mí me gustó más allá (*señala el rincón de juego*).

(Los demás chicos responden lo mismo diciendo allá o asintiendo con la cabeza. Martín y Juan, que no fueron, se quedan callados, Teresa mira preocupada a su hijo.)

Coordinadora: Teresa, no se preocupe si Martín, que se quedó acá, no nos puede contar, si Emanuel que estuvo allá, que volvió con una sonrisa, todavía tiene que pensar si prefiere estar pegado a la mamá o estar jugando con los chicos... A lo mejor, si la próxima vez ustedes toman la decisión de ir a jugar, los pueden invitar a Martín y a Juan, y quizá también a Emanuel, porque no sabemos qué va a decidir.
Igual se puede cambiar, porque así como no somos doctoras que pinchamos, tampoco somos doctoras que decimos que una vez que uno decidió una cosa no puede cambiar de parecer todas las veces que necesite.

Tercera entrevista, 29-9-88

(Hay un clima general de decaimiento.)

Coordinadora: Nos gustaría que nos contaran algo para empezar, lo que a ustedes les resulte más significativo de la reunión o de la semana.
Olga: A Daniel lo levanté de la cama, estaba con anginas pero quería venir igual.
Coordinadora: ¿Tenías ganas de venir, Daniel?
Daniel: Sí.
Coordinadora: ¿Y vos, Paula?
Cristina: Para jugar.
Coordinadora: ¿Es como dice mamá, para jugar? (*No contesta, niega con la cabeza y sonríe.*) No nos querés contestar; bueno, cuando tengas ganas nos contás algo más que quieras contar.
Yanina: A mí me gustaría venir todos los días.
Coordinadora: ¿Por qué te gustaría venir todos los días?
Yanina: Para jugar.
Coordinadora: ¿Y no jugás en otros lugares?
Yanina: Sí, en mi casa.
Coordinadora: ¿Y cuál es la diferencia de jugar acá?

Yanina: Que acá me gusta más.
Coordinadora (*dirigiéndose a Teresa, la mamá de Martín*): Tiene la mano lastimada, ¿qué le pasó?
Teresa: Me quemé con agua caliente en un descuido, pero ahora ya estoy mejor.
Coordinadora: ¿Y vos, Martín, estás mejor del oído? (*Martín no contesta pero asiente con la cabeza*). Pensamos que fue difícil para vos la reunión pasada, pues se habló mucho de tu oído que en esa semana fue muy revisado. A veces, cuando a uno le tocan mucho en un lugar, éste duele.
Marta: Yo estoy tranquila, viendo la posibilidad de que se puedan hacer muchas cosas por más que no se haya hecho nada, mi hijo está como más tranquilo.
Coordinadora: ¿Qué quiere decir con que no se haya hecho nada?
Marta: Que no se haya hecho un tratamiento ni nada, pero venir acá a lo mejor le ha hecho tener un cambio, se ve en el cuaderno de clases.
Coordinadora: Ustedes chicos, ¿se acuerdan dónde jugaron la vez pasada? Bueno, ahí están las mismas cosas, así que cuando ustedes quieran pueden ir, nosotras seguimos hablando (*algunas madres empujan a sus chicos*). Les voy a pedir a las mamás que hagan el tremendo esfuerzo de dejar que los chicos vayan cuando quieran ir (*risas*).
(Los chicos se dirigen al lugar de juegos, juntándose en el espacio donde jugaron la vez pasada; hacen mucho ruido, a diferencia de la vez anterior, y dado que entre las madres no se escuchan bien, se propone acercar más las sillas. Martín no está con los chicos, pero mira en esa dirección. Cuando se empiezan a trasladar las sillas primero se queda sin moverla: vacila entre ir a jugar o seguir en la ronda, finalmente se acerca al grupo de chicos. Juan permanece al lado de su madre.)

Coordinadora (*a Martín*): Te dejamos una silla libre, cuando quieras podés volver.

....

Cristina: Uy, qué fuerte hablan los chicos, hoy no podemos hablar entre nosotras. Pero no importa, así ustedes ven lo que ellos hacen y sacan mejores conclusiones.

Coordinadora: Lo que usted dice es importante porque hoy estar acá es también estar pendientes de lo que hacen los chicos. No creo que haya alguna mamá que se pueda aguantar de no mirar, de estar pendientes *(todas las mamás confiesan entre risas que se tientan de mirar)*.

Cristina: Lamentablemente, una no puede estar con ellos todo lo que debería.

....

(Los chicos vuelven a la ronda un rato antes de finalizar la sesión.)

Coordinadora: Los chicos nos quieren contar cómo les fue, ¿quién tiene ganas?

Emanuel: Armamos la comida, un árbol, y después lo desarmamos y fuimos a la pileta y después no me acuerdo.

Coordinadora *(a Daniel)*: ¿Vos querés contar algo?

Daniel: No, ya lo contó él.

Coordinadora: Ah, ya está, ¿es lo mismo?

Daniel: Sí.

Coordinadora: Bueno, antes era la mamá la que hablaba por ustedes, ahora es un amigo. ¿Pudieron jugar todos? *(Los niños asienten)*.

....

Coordinadora: Les quiero contar que hoy se los vio muy capaces, pudieron jugar sin estar pendientes de lo que mamá decía, para poder jugar y tener un lugar para hacerlo. Las mamás también son capaces, los traen a ustedes, dejan las cosas de la casa, se apuran por terminar de trabajar y hoy vimos a las mamás con caras muy cansadas y nos quedamos, no preocupadas, pero sí admiradas, porque vinieron a horario, no perdieron el turno, estuvieron participando en este espacio y tuvieron la posibilidad, en distinta medida, de estar pendientes de los chicos. Lo interesante es que hay algunos chicos que pudieron jugar sin estar pendientes de las mamás y otros, como Daniel y Emanuel, que jugaron muy contentos pero también tuvieron la posibilidad de estar pendientes de lo que hacían las mamás. Como hoy se encontraron con cosas para jugar, también van a

estar la próxima vez, pero vamos a ponerlas en la habitación de al lado. Ustedes van a ir si tienen ganas, van a poder ir y venir, y vamos a ver cómo es esto de estar pendientes, porque me doy cuenta de que yo les dije a los chicos que pueden ir y volver, pero no se lo dije a las mamás, ¿piensan ustedes que van a poder aguantar?
Olga: Creo que sí.
Cristina: Se puede hacer un sacrificio.
Marta: ¿No hay un agujerito por ahí para ver? (*risas*).
Coordinadora: Tal vez podamos charlar acerca de cómo es esto de que no pueden dejar de estar pendientes de los chicos; yo me quedé pensando mucho lo que decía Cristina acerca del "lamentablemente".
Cristina: Claro, porque yo estoy, voy, vengo, les doy de comer y digo: "Bueno, ahora me voy a bañar", pero me llaman, quieren que esté con ellos lo más posible pero a veces una se siente un poco como una esclava...
Coordinadora: Claro, usted dice "ellos quieren", pero yo no termino de entender qué es lo que usted quisiera. Tal vez el "lamentablemente" signifique no sólo estar en la casa y tener que trabajar sino también sentir el peso "lamentablemente" de que en ese rato no puede ocuparse de ese espacio propio de trabajar sin pensar en que debería ocuparse de los chicos.
La verdad es que aunque estuvieran menos cansadas es difícil que puedan cumplir con tanto trabajo.
Olga: Entonces, si los chicos se van al lado, la vez que viene traemos mate.
Cristina: Yo traigo galletitas, la que traiga el agua que sea calentita, porque tereré no me gusta.
Marta: Y yo café para el que no quiera mate.

Cuarta entrevista. 6-10-88

(Cristina tiene una bolsa de bizcochos sobre su falda; Olga y Marta, una canasta al costado de sus sillas.)

Coordinadora: ¿Recuerdan lo que habíamos hablado sobre lo que íbamos a hacer hoy? (*el único que contesta es Daniel*). Bueno, Daniel va a ser la memoria de todos estos chicos y nos va a contar lo que él se acuerda.

Daniel: Que íbamos a ir a jugar al otro salón con los chicos y las mamás se quedaban acá.

(Todos los chicos van yendo al salón de al lado, menos Juan. Las madres se quedan solas.)

....

Carmen: Hoy me pasé todo el día en el consultorio de Pediatría (*con tono quejoso; está ojerosa y muy desarreglada*).
Coordinadora: ¿Todos atienden a los chicos en el consultorio de Pediatría de este hospital?

(Contestan que sí, que están contentas, que los atienden bien, que los traen desde hace tiempo.)

Coordinadora (*dirigiéndose a Carmen*): La noto más preocupada que otras veces.
Carmen: Sí, porque me llamaron de la escuela por Jessica, yo vine aquí por Yanina, pero me dijeron que Jessica va a tener que empezar un tratamiento psicopedagógico porque venía bien y de repente tuvo un bajón terrible en estos últimos meses y parece que si sigue así va a tener que repetir el grado, entonces la psicopedagoga de la escuela me dijo que hable con usted a ver si se las puede tratar a las dos juntas, porque si no me voy a partir en dos...
Coordinadora: Entonces, Carmen, además de estar preocupada está partida en dos, o en tres, que a veces puede ser por los chicos o también por otras cosas, creo que no solamente es duro estar partido en varias partes sino que, cuando es necesario, ustedes se parten por más duro que sea.
Cristina: Sí, a veces hay que partirse por el bien de ellos.
Coordinadora: Claro, y también uno se parte por otras situaciones o por un amigo o un hermano; me quedé pensando en la vez pasada, todo el esfuerzo de ustedes y querer saber cuándo tienen un momento para cada una, porque trajeron el mate, los bizcochitos, pero sin embargo no se dan ese momento para ustedes. Fíjense en el cansancio de la vez pasada, de estar corriendo de un lado para otro, de estar partidas, y Carmen que me pide ayuda para poder estar

menos partida y no sé si voy a poder ayudarla. Sigo insistiendo: trajeron el mate pero no lo sacan, y me estoy acordando de los chicos cuando no se animaban a ir a jugar (*risas*).

(La mamá que trajo el mate saca dos frascos, uno con yerba y otro con azúcar. Comienza a cebar. Cristina reparte galletitas y Marta sirve café: comienza a haber un clima más alegre.)

....

Cristina: Yo vine de Córdoba, desde muy chica que estoy acá, porque mis papás se separaron; entonces fui a un hogar escuela y mi hermano a otro. Antes de venir, unas vecinas hablaban de Buenos Aires, que la ciudad esto, que la ciudad lo otro, y se mandaban la parte por haber estado. A mí me daba como miedo tener que venir y cuando vine y vi las villas, la pobreza que había...
Teresa: Sí, porque a uno le hablan del Obelisco.
Olga: A mí me fue difícil adaptarme, yo no venía de tan lejos pero allá era todo chacra y acá es todo distinto, no sólo el lugar sino también el trato con la gente cambia.
Teresa: Mi papá cuando vino aquí se quiso morir; no hay en ningún lugar del interior la pobreza, la miseria que hay acá.
Cristina: A mí Andrea me hace acordar como yo era antes; callada, me tragaba todo, nadie se enteraba de lo que me pasaba.
Olga: Pero igual hace bien hablar de las cosas de uno. Yo antes tenía vergüenza de decir lo que me pasó, que me separé, que me quedé sola con dos criaturas.
Coordinadora: ¿Hace mucho que se separó?)
Olga: Sí, ya hace muchos años.
Coordinadora: ¿Ustedes sabían? Yo pensé que la única separada era Marta. ¿Ustedes sabían que había otra mamá separada?
Marta: No, la verdad que no.
Coordinadora (*a Marta*): ¿Y usted hace cuánto que se separó?
Marta: Cinco años (*mientras conversan, toman mate, una de las mamás ofrece galletitas*).
Olga: Yo ya hace mucho tiempo, pero trato de no recordar las cosas malas que pasé, y seguir adelante.
Teresa: Pero las recordás.

Olga: Sí, a veces sí, no te podés olvidar.

(El hijo más pequeño de Carmen, que no fue a jugar, mira las galletitas y le habla a la mamá diciendo: "Mamá, pedí, pedí".)

Coordinadora: Nahuel tiene una gran sabiduría, porque cuando yo le pedí ayuda, él me ayudó, ahora le ayuda a la mamá a que pida una galletita; podría conseguirla él, pero parece que le dice a su mamá: "Mamá, cuando uno quiere algo, tiene que pedirlo, insistir".

(En ese momento Olga le alcanza un mate a Carmen y Teresa le ofrece un cigarrillo.)

Carmen: A mí me daba vergüenza contar que me quiero separar, pero no sé cómo hacer. Mi marido toma, y cuando toma me pega. Y eso pasó varias veces (*continúa su relato, más relajada, reclinada sobre el respaldo de la silla. Cristina se ocupa de Nahuel*).
Teresa: ¿Toma seguido?
Carmen: Sí.
Teresa: Entonces, es alcohólico.
Quinta entrevista. 13-10-88

(Todos reunidos, mamás y chicos. Se recuerda que es la última entrevista.)

Coordinadora: ¿Cómo están?
Cristina: Bien menos (*risas*).
Coordinadora: ¿Por qué dice "bien menos"?
Cristina: Es una forma de decir porque las cosas no andan del todo bien; no todo sale como uno quiere.
Olga: Hay que decir bien. Porque si digo mal, nadie me va a solucionar mis problemas, y si yo me siento mal tampoco va a poder hacerme sentir bien: entonces yo tengo que tratar de sentirme bien, por mí, por los chicos.
Coordinadora: Guardarse las quejas.
Olga: Y, sí (*responde con dureza*).

Coordinadora: Hoy es la última reunión de este grupo. Algunos de los chicos muestran que están muy bien, divertidos, porque pueden jugar, hacerse amigos entre ellos. Otros, como Martín o Paula, están más calladitos. Hay algunos chicos como Emanuel y Daniel que tomaron ese trabajo dentro del grupo, decir "Estamos mejor", y algunos decidieron tener otro trabajo: "No, miren que con cinco veces que nos vimos no es suficiente"; entonces Martín eligió tener el trabajo de no contestar y demostrar que está mejor, que tiene otra manera de mirarnos pero que esto no fue suficiente. Tal vez las mamás piensen que si hoy terminamos, ¿para qué contar los problemas?

Olga: Claro, yo sé que viniendo aquí mis problemas no se van a solucionar. Pero que es un desahogo poder expresarme, hablar, poder comunicarme, sentir que hay otras personas que también tienen problemas y que los míos tienen una solución mucho más fácil que lo que yo pensaba. No sólo estando acá, porque cuando salimos seguimos hablando, como ayudándonos. Vinimos acá por problemas de nuestros hijos y es como que terminamos siendo amigas, espero que nos sigamos viendo. Como que la niebla se va disipando.

Coordinadora: ¿Alguna señora quiere agregar algo a lo que dijo Olga? (*no responden*). Bueno, parece que Olga se encargó de representar al grupo.

Marta (*emocionada*): Sí, yo creo que no hay mucho para agregar, es como ella dijo.

....

Coordinadora: Acá, en estas hojas, los chicos y las mamás pueden dejarnos algo que tengan ganas. Algo escrito, dibujado, pegado, lo que quieran.

(Los chicos se acercan a una hoja que está pegada sobre la pared. Llega Andrea con Juan).

Olga (*a Andrea*): Como es la última reunión, los chicos y las mamás están escribiendo y dibujando en esos papeles.

Cristina: Ya vemos que se animaron algunos chicos.

[Risas, los chicos son los que más entusiasmados están.]

Coordinadora: Hoy las mamás observan más a distancia; son también como el equipo.

Marta: A mí de Emanuel no me asombra porque él no tiene problemas de integración, de adaptarse al grupo, salvo la primera vez cuando no conoce. Pero observo cómo trabaja y cómo es cuando trabaja, porque muchas veces, cuando uno ve el cuaderno, ve lo que tiene hecho, pero no cómo lo hace. Y de los otros chicos hay algo que me llama la atención: que pueden integrarse, organizarse, sin que nadie se pelee por tener un lugar sino que si venía otro se corría y le daba un espacio.

Coordinadora: Eso es cierto, es una observación muy sabia, porque como se dio en una forma natural, que era casi obvio, pero es muy interesante cómo cada uno encontró un espacio para incluirse. ¿Y Carmen, estaba también de observadora?

Carmen: Estaba viendo lo que estaba haciendo Yanina en el cartel, lo que dibujaba, porque le encanta copiar, pero ahora está escribiendo ella sola.

Coordinadora: ¿Y usted, Cristina?

Cristina: Paula anda medio dando vueltas, le gusta ver lo que hacen. Me gusta verlos dibujar, escribir, la imaginación, las ganas que ponen, la creatividad. Pero está bien, Paula se toma su tiempo.

Coordinadora: Disculpen que les pregunte tanto, pero es como que las tomo como el equipo que está más lejos y observa.

Olga: Nahuel está increíble. La parte hasta donde él pudo llegar la dibujó toda. Encontró su espacio.

Coordinadora: Me quedé pensando en lo que dijo Olga, que acá los problemas no se van a solucionar, lo que sí podemos hacer es compartirlos, tener junto con los chicos un espacio para cada uno. Y a partir de ese espacio uno puede hacer cosas como lo que hicieron los chicos. Ustedes pueden acá escucharse, compartir, porque, si bien es cierto que uno los problemas los tiene que resolver solo, puede aprender a estar menos solo para resolverlos.

Andrea, ¿por qué piensa usted que en todas estas sesiones Juan no quiso trabajar con los chicos?

Andrea: Yo creo que debe ser por la edad que él tiene: 6 años. El entró a la escuela con 5 años.

Coordinadora: ¿Y que no haya querido jugar?

Andrea: El juega mucho en casa, con los hermanos, con los vecinos, así que no sé, el médico lo revisó, le hizo lo necesario, y me dijo que era normal.

Coordinadora: ¿Se quedó más tranquila entonces?

Andrea: Sí, yo a él le dije lo mismo que a usted, que a Juan le gusta jugar pero no estudiar.

Coordinadora: ¿Y la situación de la escuela usted no piensa que se pueda resolver?

Andrea: Supongo, con ayuda, la maestra me dijo que iba a repetir. Yo prefiero que repita y no que vaya a escuela de recuperación, eso es mucho más sacrificio, por la experiencia que ya tuve.

Teresa: Yo no sé qué es eso de la escuela de recuperación.

Carmen: Yo no sé por qué Yanina está en un grado de recuperación si aquí es la que más escribió.

Coordinadora (*nuevamente en su lugar*): Vimos que Andrea tomó una decisión y pidió ayuda para sostenerla. Con todo gusto se la vamos a dar. Queremos escucharlas a ustedes, que pensaron en estas cinco entrevistas, si necesitan seguir, si es suficiente.

Marta: Yo pienso que no es suficiente. Partamos de la base de que yo vine acá por necesitar ayuda y pienso que con cinco veces que nos encontramos el problema, si lo hay o no, no está solucionado. Yo vine porque necesitaba ayuda, y necesito ayuda. Yo necesito ayuda pero no sé bien qué ayuda, ustedes tendrán que proponerme cosas o irán surgiendo en conjunto. Lo que sí es que sigo necesitando ayuda y que estoy dispuesta a hacerlo.

Coordinadora: ¿Usted vio algún indicador de que algo cambiara en estas cinco semanas en relación con el problema inicial?

Marta: Mal o bien escribe, tuvieron una prueba, la maestra me llamó y aunque no estaba bien me dijo que andaba mejor.

Olga: No es suficiente para mí. Yo creo que recién empezamos a aprender, no sólo los chicos sino también las mamás, como cuando estamos en el colegio a mitad de año. Esto lo veo en el cuaderno de Dani, yo nunca conocí lo que era un "Muy Bien" y ahora lo estoy viendo. En lectura tiene 7,8.

Teresa: Yo quisiera tener otra entrevista, estoy muy confundida, no sé muy bien qué puede pasar. Martín ha tenido un cambio, siempre le faltaba tiempo para terminar la tarea, ahora el tiempo le alcanza, puede haber dos motivos: o el comienzo de estas reuniones o que el papá ahora está en la casa. Para Martín había sido un cambio completo tener que desprenderse del padre todo el día completo.

Coordinadora: ¿Y ahora por qué está más el papá en la casa?

Teresa: Porque no trabaja más con la persona que trabajaba y se trajo el taller a la casa.

Coordinadora: Creo que esto es importante porque a veces las mamás ven muchos cambios y nos dicen que ya no necesitan ayuda. Pero los cambios son difíciles de sostener. Entonces ustedes vieron cambios pero quieren seguir para que se profundicen. Es bueno que a terreno ganado quieran ganar más terreno.

Carmen, ¿le puede contar usted, que tiene a uno de los chicos no en una escuela sino en un grado de recuperación?

Carmen: Bueno, es un grado de 5 a 7 chicos, no más, donde la maestra les va enseñando a cada uno de acuerdo con el problema que tiene. Del problema de números o de letras se ocupa más otra maestra que tiene 20 o 30 chicos.

Coordinadora: Eso es un grado de recuperación. Usted, Andrea, ¿tuvo alguna experiencia con una escuela de recuperación?

Andea: Sí, bastante.

Coordinadora: ¿Por qué no le cuenta a Teresa?

Teresa: Sí, porque allá en Mendoza o pasan o se quedan.

Andrea: Sí, mi hija más grande. Hay pocos chicos pero no es bueno, no tiene la misma educación y las mismas maestras no se ocupan tanto, les dan tarea y se van. Yo muchas veces llegué en horas de clase y vi que los chicos saltan por la ventana, se pelean, hay chicos grandes con chiquitos como mi hija. Por ese motivo yo no quiero que entre a ese lugar, se ponen muy agresivos. Mi hija estaba bien yendo a un colegio normal. Cuando fue ahí se empezó a poner agresiva, a darle sobrenombres feos a los hermanos, cosa que nunca hacía, y ahí siempre festejaban por algo. Veinte veces por semana les hacían llevar galletitas o caramelos, cualquier motivo les venía bien para festejar.

Coordinadora: Usted tomó una decisión, adoptó una posición, y eso es muy importante. Ha tenido una mala experiencia con la escuela de recuperación, no quiere que Juan vaya, y dado que él entró un año antes a la escuela es posible que él no pierda el año, sino que gane un año y evite lo que para usted fue una mala experiencia.

(La coordinadora se acerca a Juan, que está sentado en la falda de su mamá. Se agacha a su altura y lo toma de la mano.)

Coordinadora: Juan, me parece que vos tenés que estar muy contento porque tu mamá eligió cuidarte y defenderte, tomó una posición muy firme. Y no vas a perder un año, sino que vas a ganar un año porque vas a estar en una escuela donde mamá siente que te tratan bien, que te cuidan, como Paula que tardó más en ir a dibujar y ahora está dibujando con Martín que hoy se quedó acá porque nos dice: "No nos apuren, que los chicos necesitamos tiempo para crecer". Mamá te está dando la mejor posibilidad cuidándote, defendiéndote y preocupándose por vos para que puedas aprender bien.

BIBLIOGRAFIA

Bauleo, Armando: *Contrainstitución y grupo*. México, Nuevomar, 1983.

Dabas, Elina: *Los contextos del aprendizaje*. Buenos Aires, Nueva Visión, 1988.

Elkaïm, Mony: "Sistema familiar y sistema social. Algunos ejemplos de intervenciones en un distrito pobre de Bruselas", en *Dimensiones de la terapia familiar*. Buenos Aires, Paidós, 1985.

Les Pratiques de reseau, París, NSF, 1981.

Flament, Claude: *Redes de comunicación y estructuras de grupo*, Buenos Aires, Nueva Visión, 1977.

Guattari, Félix: *Psicoanálisis y transversalidad*, México, Siglo XXI, 1980.

Kelmanowicz, Viviana y otros: "Pinocho: una metamorfosis conceptual. Construcción operativa de problemas en el contexto escolar", Revista *Sistemas Familiares*, Año 5, N° 3, Buenos Aires, diciembre de 1989.

Keeney, B. y Silverstein, O.: *La voz terapéutica de Olga Silverstein*, Buenos Aires, Paidós, 1988.

Marrón, Juana: "Consultorio Externo de Aprendizaje", Equipo Hospital Durand, inédito.

Maturana, Humberto: "Biología del fenómeno social", *Revista de Terapia Familiar*, Año X, N° 16, Buenos Aires, mayo de 1987.

Ravazzola, María Cristina: "Terapia Familiar: los estereotipos sexuales como parte del contexto social". *Revista Sistema Familiares*, Año 3, N° 3, 1987, Buenos Aires.

Reisin, S. y Szultz, G.: "diagnóstico Situacional en el aula", inédito, Equipo Hospital Tornú.Schlosser, Olga y otros: "Grupos multirepresentativos", Equipo Adolescencia Hospital Durand, inédito.

Schnitman, Fl., Dora: "Constructivismo, evolución familiar y proceso terapéutico". *Revista Sistemas Familiares*, Año II, N° 1. 1986, Buenos Aires.

Sluzki, Carlos: "Terapia familiar como construcción de realidades alternativas", *Revista Sistemas Familiares*, Año I, N° 1, 1985, Buenos Aires, "Familias, redes y otras formas extrañas", *Revista Sistemas Familiares*, Año II, N° 1, 1985, Buenos Aires.

Speck, Ross y Carolyn Atteneave: *Redes Familiares*, Buenos Aires, Amorrortu, 1973.

Thom, René: *Parábolas y Catástrofes*, Tusquets, 1985, Barcelona.

Vázquez, Alberto: "De la Epistemología al cambio", *Revista, Sistemas Familiares*, Año I, N° 2, 1985, Buenos Aires.

Zacañino, Liliana y otros: Guardapolvos Blancos. Una experiencia con Talleres Docentes. Hospital Pirovano. Inédito.

Parte segunda

REDES INSTITUCIONALES. PRODUCCIONES EN LOS AMBITOS DE SALUD Y EDUCACION

3. LA RED DOCENTE EN ACCION: INTERVENCIONES EN EL CONTEXTO RURAL

¿Qué hacemos, empezamos cuando tengamos todo claro o nos vamos aclarando mientras hacemos?
LUIS P., maestro de Bonpland, Misiones

Uno tiene conceptos, pero cuando los conversa con sus compañeros, los confronta y comienza a construir una nueva idea. Mira lo propio de otra forma. Descubre que tenía muchas cosas.
ARMANDO, maestro de San Pedro, Misiones

I

EL MEDIO RURAL

Gerardo Bacalini
Susana Ferraris

LA REALIDAD RURAL

Múltiples son las maneras de abordar el análisis de la realidad rural. Se usan en este sentido diversos criterios, como el demográfico o de densidad de población; aspectos culturales que distinguen la vida urbana de la rural y las características sociales de sus pobladores, entre otros.

Preferimos partir del concepto de "tipo de productor" como eje y entrelazar las relaciones y variables sociales y económicas que se establecen entre los diferentes tipos de productores, teniendo en cuenta su forma de inserción en la dinámica de la producción agropecuaria.

Además, el análisis desde esta dimensión socioeconómica integra los aspectos culturales y psicosociales de la comunidad rural.

Consideramos entonces a la estructura agropecuaria en tres tipos de productores, teniendo en cuenta que en cada realidad estos tipos presentan múltiples combinaciones, gradaciones y formas de exposición.

Las tres tipificaciones generales, *grandes, medianos y pequeños productores*, se distinguen para enfocar esta experiencia, según los resultados que obtienen del desarrollo del ciclo agropecuario en términos económicos productivos (tierra, animales, tecnología, etc.), que cada tipo de productor utiliza.

En nuestro país se da esta tipología en general con las características propias de cada región. Por ejemplo, en el Nordeste (NEA), espacio geográfico donde se desarrolla la experiencia explicada en los capítulos siguientes, las zonas de pequeños y medianos productores constituyen aproximadamente el 50 % de la agricultura argentina. Los pequeños productores con muy pequeñas extensiones representan en la misma región el 43 % de las explotaciones argentinas. Es importante destacar en esta región a los obreros temporarios, los peones "golondrina", que muchas veces integran la categoría de pequeños productores o de economía de subsistencia.

Si bien la actividad agropecuaria representa una parte preponderante en el contexto de las actividades económicas de la Argentina, ya que provee el 90 % de las exportaciones y alimenta de materia prima casi al 50 % de las industrias nacionales, el diagnóstico simplificado actual nos demuestra que:

- Se siguen detectando explotaciones de bajo nivel de capitalización, donde el factor tierra tiene preponderancia fundamental pero con bajo nivel de tecnificación.
- Comunidades rurales con bajo índice de crecimiento, sin capacidad de apuntalar la complejidad del proceso de producción y absorber mano de obra tanto en cantidad como en calidad.
- Una tecnificación que se va produciendo en rezago, en relación con las reales necesidades, lo que incide negativamente en la inserción de técnicas en la producción.
- Falta de políticas inductivas en los procesos de industrialización de las producciones.

- Niveles de enseñanza y/o capacitación que no responden a las necesidades regionales y no forman ni capacitan para una integración efectiva y auténtica.
- Trabajadores rurales que, si bien han mejorado su nivel de vida, su integración activa y participativa en la producción, siguen siendo aún una excepción.

Este diagnóstico general del país rural se acentúa aún más en la región NEA, donde:

- en lo económico, la organización de los mercados es débil y frecuentemente anárquica. Los centros de decisión están siempre lejos de los productores medianos o pequeños;
- el cooperativismo, que jugó un papel importante en sus comienzos, carece de una verdadera participación de sus integrantes como del dinamismo económico necesario, salvo en pequeños bolsones;
- el conjunto de infraestructura y servicios necesarios para el desarrollo se encuentra en los centros urbanos. Cuanto más nos alejamos de los grandes centros urbanos, más raros son estos servicios y frecuentemente inexistentes en regiones marginales;
- la población rural está muy dispersa en el NEA (6 h x km).

Junto con la ausencia de comunicaciones (falta de servicios arriba mencionada), esta baja densidad de población es un factor de aislamiento que no favorece el intercambio y que no estimula la vida en grupo.

- Las tasas de natalidad son elevadas en las zonas de medianos productores. Sin embargo, existe una constante migración hacia centros urbanos importantes que anula los efectos dinamizantes que podría producir la presencia de los jóvenes en la zona;
- en regiones más desarrolladas del país (región pampeana) se puede observar otro tipo de despoblamiento del medio rural: por una parte, una natalidad muy reducida en las familias de productores medianos o pequeños; por otra, las mismas familias, desde que producen, van a vivir a la ciudad más cercana, por comodidad y a la vez por lograr una cierta "imagen social". Directamente, los dos

fenómenos provocan un marcado deterioro del "tejido humano" de las zonas rurales.

SITUACION DE LA EDUCACION Y FORMACION PARA EL MEDIO RURAL

La crisis socioeconómica que afectó y aún afecta al país alcanza también a la educación que, por lo general, sufre la falta de financiamiento de sus presupuestos, la falta de incentivo a los docentes y ve disminuidos sus recursos materiales. De ello no es ajena la educación agropecuaria que, además, se agrava, ya que tal situación le impide actuar en el medio rural y conocer su realidad. Los planes de estudio vigentes no satisfacen las necesidades actuales de la comunidad. Esto se debe a que suelen corresponder a una concepción enciclopedista, en un sistema de enseñanza-aprendizaje no participativo, con lo que no se desarrolla la capacidad creadora ni crítica.

Si bien los egresados deberían alcanzar un cúmulo de conocimientos importantes, la falta de integración interdisciplinaria y, aún más, una enseñanza alejada a veces de la realidad, dificulta su aplicación posterior.

Es así como el futuro egresado padece grandes dificultades y falencias como:

- no saber integrar lo aprendido a la realidad;
- no conocer ni respetar las necesidades, inquietudes y valores del productor rural;
- no tener claro qué "tipo" de técnico es y para qué está capacitado.

Al no conocer a los productores y a la comunidad rural, al no saber analizar los recursos de que disponen, al no darse cuenta de las formas de pensar y hacer de los hombres y mujeres del medio rural, le será difícil a este egresado proponer soluciones viables a sus problemas.

Entonces pierde confianza en sí mismo, se confunde y muchas veces se ve obligado a buscar refugio en ocupaciones que lo alejan de la iniciativa elegida.

Esta situación de alumnos y egresados de las escuelas agropecuarias no es sino una consecuencia directa de la problemática de esa enseñanza, que, a pesar de las diferentes realidades regionales, presenta aspectos que son comunes al país, como por ejemplo:

- Desvinculación entre la institución educativa y las familias.
- Desvinculación entre la institución educativa y la comunidad regional inmediata.
- Falta de una propuesta educativa para la modalidad.
- Desajustes entre el perfil del egresado y la demanda ocupacional.
- Existencia de escuelas que no responden a las necesidades educativas de la zona.
- Alto porcentaje de matrícula urbana.
- Composición de una matrícula heterogénea en cuanto a la procedencia y motivación de permanencia en la escuela.
- En algunos casos, es considerada escuela-guardería (albergues) y no siempre es elegida por vocación.
- Desarticulación entre las escuelas primarias rurales y las escuelas agrotécnicas.
- Reproducción de la forma de trabajo de la escuela media urbana en lo organizativo, en lo curricular, en los perfiles y roles de los integrantes de la planta funcional.
- Dicotomía entre teoría y práctica.
- Ruptura de la lógica de los ciclos productivos.
- Atomización de los contenidos.
- Inadecuación del calendario y acciones escolares a las actividades productivas y laborales.
- Baja retención de la matrícula.
- Escasa pertinencia de los procesos enseñanza-aprendizaje.
- Poca vinculación con otras instituciones y en especial con las del área productiva.
- Falta de capacitación y régimen laboral específico para personal de las escuelas agrotécnicas.
- Oposiciones y problemas de competencia entre docentes y técnicos.
- Necesidad de remuneración salarial acorde con la tarea específica que se realiza.
- Escasa formación e idoneidad de los directores para conducir los aspectos relativos a lo organizativo-institucional, a la producción y a la actividad docente.

- Falta de adecuación de la legislación específica para la modalidad agropecuaria.
- Obsolescencia y carencia de equipamiento rural.
- Escasa organización de actividades productivas rentables.
- Escuelas de costos elevados para financiar los insumos propios de la modalidad.
- El costo por egresado es el más alto del nivel medio.

II

LA INTERVENCION EN RED[1]

Elina Dabas

MARCO DE REFERENCIA

El trabajo realizado con Multifamilias nos llevó a comprender las amplias posibilidades que abrió la formación de redes entre sus integrantes (Dabas, 1988).

La difusión que esta tarea tuvo en distintos ámbitos determinó el surgimiento de un especial interés por el tema de "redes". De este modo, a fines de 1989 llega una nueva propuesta que nos plantea la posibilidad de "trasladar" el trabajo realizado en el ámbito de Salud al ámbito de la Educación Rural, en relación con un programa de Enseñanza Técnico-Agropecuario Nacional destinado a adolescentes de entre 13 y 18 años. Este programa se venía desarrollando desde hacía alrededor de ocho años y presentaba niveles de avance sumamente disparejos en cada localización educativa,[2] habiendo tenido pocas posibilidades de compartir e intercambiar experiencias entre ellas. Por otro

---

1. La experiencia que se incluye fue realizada durante los meses de abril a agosto de 1990, en calidad de especialista contratada por el Programa de Naciones Unidas para el Desarrollo. La elaboración escrita es posterior a esa fecha.
2. En total hay 116 localizaciones distribuidas en 26 jurisdicciones provinciales.

LA RED DOCENTE EN ACCION 73

lado, había conocimiento en el nivel central, que funciona en una dirección del Ministerio de Educación de la Nación, de que en ciertas provincias se habían llevado a cabo abordajes sumamente productivos, poco valorados por los propios integrantes.

En cada una de las jurisdicciones trabaja una Unidad Ejecutora Provincial (UEP) designada por las autoridades educativas de cada provincia. Dicha unidad cuenta con un coordinador general y técnicos en las áreas educativa, contable, infraestructura y equipamiento.

Estas unidades son las que deberían mantener un contacto activo con las localizaciones, pero en varios casos éste era inexistente o escaso.

La puerta de entrada al sistema estaba constituida por los coordinadores generales y los técnicos educativos. Nuestro propósito era incorporar a la brevedad a los docentes de las distintas localizaciones, en la medida en que esto fuera consensuado con los integrantes de las UEP.

Cabe destacar que desde el área en que veníamos desarrollando el trabajo de "redes", teníamos un gran desconocimiento del medio rural, por lo cual el trabajo en equipo, el "pedir ayuda" a los recursos de otro, se constituyó en nuestro punto de partida. A partir de esta primera aproximación, armamos un plan de trabajo para cinco meses. Este constaba de varias áreas: Capacitación docente, Innovaciones curriculares, Producción y trabajo, Educación no formal, desarrolladas por distintos especialistas en forma interdisciplinaria. Acordamos que el tema de redes no podía desarrollarse como un área sino que debía "atravesar" todas las acciones que se implementaran.

Nuestro contexto comenzaba a delinearse a partir de un grupo de trabajo donde cada uno creía saber lo que podía, pero esto se desdibujaba al no saber claramente qué sabía hacer el otro. Para intentar comenzar a borrar esta "ignorancia" decidimos socializar la formación que poseíamos y cada uno formuló un plan de acción con objetivos a lograr, aun sabiendo que sería la interacción con los actores del proceso educativo la que terminaría de delinearlos.

En relación con el tema de redes, el propósito era lograr:

a) *Potenciar* los niveles de relación existentes en los *equipos técnicos provinciales* en el nivel intra e interregional; entre dichos *equipos y las localizaciones educativas, y en las localizaciones educativas en sí mismas y entre sí.*

Tomamos aquí en cuenta que varios de los equipos de la UEP tenían un grado interesante de desarrollo, que podía ser aprovechado por otros de la misma región, dada la relativa cercanía entre ellos.[3]

La brevedad del tiempo de nuestra intervención llevaba a la necesidad de consolidar un espacio de intercambio que fuera sostenido por los integrantes de cada región, abriendo también la posibilidad de intercambios concretos entre distintas regiones.

Como ya adelantamos, algunos de estos equipos tenían serias dificultades de comunicación con las localizaciones educativas, distantes varios kilómetros de la capital provincial donde las UEP tienen su sede. Algunos habían interrumpido o nunca iniciado la inserción en las escuelas. De este modo, todo el programa se desarrollaba con dos versiones paralelas, producto de la peculiar construcción de la realidad que cada uno realizaba: los documentos escritos por los técnicos y las acciones cotidianas de los docentes, familias y alumnos.

Asimismo suponíamos, por otras experiencias, que podrían existir dificultades de comunicación dentro de las localizaciones y sabíamos que las relaciones entre las que pertenecen a una misma jurisdicción eran casi inexistentes.

b) *Optimizar los recursos existentes en cada lugar así como valorizar las acciones concretas emprendidas, utilizando los errores como elementos de aprendizaje.*

Este objetivo posibilita mostrar tal vez más claramente la visión epistemológica con que encaramos la tarea.

Sabíamos que toda acción que se había emprendido había resultado "sancionadora" para las provincias. Eso llevó a la necesidad de ocultar errores, dar una versión "oficial" de las acciones que posibilitasen obtener los recursos financieros necesarios; en síntesis, actuar "como si" y sintiendo que no se sabía lo suficiente.

Nuestro planteo apuntó a reconocer que, en la complejidad de la

---

3. Nuestro país se halla dividido en cinco regiones: Noroeste, Nordeste, Cuyo, Sur-Patagonia y Centro.

organización, el conflicto es la base para la construcción de realidades alternativas.

Este proceso, ajeno a un determinismo causal que sostiene un orden necesario para todo desarrollo, se sustenta en los cambios discontinuos.

Frente a un estilo imperante basado en la búsqueda de racionalidad, la evitación de los riesgos y la recepción de la información a través de la línea jerárquica, nos propusimos apoyar la capacidad de tomar decisiones rápidas y consensuadas, comprometidas, y el trabajo constante en el campo de acción que posibilita captar la información muchas veces ignorada o "aguada" por interpretaciones de línea (Elkaïm, 1985).

c) *Colaborar en el proceso de <u>descentralización del lugar del experto</u>, contribuyendo a horizontalizar su participación y a valorizarla como una contribución de la cual el grupo debe realizar una apropiación crítica, para poder decidir acciones futuras.*

Es importante tener presente que, en el sistema educativo, la interacción cotidiana se plantea entre uno que sabe, generalmente el docente o el experto, y otro que desde el lugar del no saber, aprende. Resulta difícil visualizarla como una interacción asimétrica productiva, donde todos pueden aprender de otros o enseñar a otros, reconociendo que las diferencias introducen una nueva información y que se aprende por los contrastes. Asimismo, se considera al experto como portador de un saber que posee valor absoluto y que debe ser entendido y aplicado tal cual se transmite. Si nuestro propósito se cumpliese, sería tal vez una buena experiencia de aprendizaje, posible de trasladarse a las comunidades donde se actuase.

d) *Tender hacia la visualización de la comunidad como un <u>sistema donde cada subsistema</u> (escuelas, familias, organizaciones intermedias, autoridades) se acopla sin perder su singularidad sino potenciando su accionar conjunto.*

Sabíamos, aun sin haber actuado en el medio rural, que por aquello de no poder incluir al observador en lo observado, se tiende a fragmentar los subsistemas, perdiendo así la posibilidad de visualizar la riqueza de toda interacción. El temor a perder la identidad al relacionarse con otros lleva a plantear dilemas que empobrecen el accionar: docentes *versus* alumnos, escuela *versus* familia, docentes *versus* representantes de autoridades, y muchos otros más.

Pensamos en la posibilidad de realizar una experiencia que abriese la comprensión de la riqueza que se obtiene de las múltiples interacciones. Este podría ser el punto de partida para una "transferencia" de metodología a partir de la vivencia y toma de conciencia del propio lugar en el contexto de acción.

e) *Maximizar los procesos de socialización de la información, democratización del poder y accionar solidario.*

Nuestra experiencia nos había demostrado que el desconocimiento, el ocultamiento de información, se halla al servicio de la concentración del poder, estableciendo de este modo relaciones de sometimiento.

Nos planteamos entonces favorecer todos aquellos procesos donde se tuvieran en cuenta tanto las dimensiones de contenido como las de relación de la comunicación, poniendo así en debate qué se comunica cuando "no se comunica", y posibilitando una reflexión crítica sobre dichos procesos. Los grupos humanos pueden oponer la metáfora del poder a la metáfora de formar parte de un ecosistema, donde el tener poder beneficia el conjunto.

MODALIDAD DE ABORDAJE

Dado el tiempo que teníamos para desarrollar nuestro trabajo, planificamos cuatro encuentros para cada una de las regiones integradas por cuatro a seis provincias, previendo que en cada uno realizaríamos una intervención directa en una de las localizaciones de la provincia sede.

En el encuentro inicial sabíamos que participarían predominantemente coordinadores generales y técnicos educativos, pero nuestra propuesta sería incluir docentes y otros representantes de la comunidad.

Se pensó en trabajar con la modalidad de taller, ya que a través de sus cuatro momentos básicos —presentación; integración; problematización, y proyección y planificación— (Claverié), se puede partir de las acciones concretas que los grupos humanos desarrollan, acciones en las cuales se transmite su epistemología. La valorización de ese accionar posibilitará un proceso autocrítico y la apropiación responsable de los errores, comprendiendo su significación. De este modo, el error no los ubica en un lugar de sometimiento con respecto a otro sino en un lugar de *protagonistas responsables* de la historia.

Estimula y alienta el "animarse a hacer con otros", valorizando las metas mínimas que toman en cuenta el consenso de la comunidad antes que grandes propósitos elaborados por otros.

Promueve una integración permanente de los procesos de diagnóstico, desarrollo y evaluación, considerando que todo punto de llegada se convierte de inmediato en un nuevo punto de partida, ya que no hay fines últimos sino un proceso de transformación constante.

Los criterios básicos de esta modalidad se centraron en:

- Partir de los logros de los equipos de trabajo y de cada una de las personas, para que desde la visualización de sus posibilidades puedan generar nuevas alternativas.
- Dar prioridad a las experiencias concretas de las comunidades y el análisis crítico que el grupo de pares puede realizar sobre el cual el especialista monta su intervención como un aporte más dentro del proceso.
- Privilegiar la vía de entrada temática que el grupo plantee, para desde ahí abordar el proyecto integral generando sus alternativas de abordaje.
- Favorecer la revisión crítica de las experiencias de las localizaciones, que al ser compartidas por otras se enriquecen al mismo tiempo que cada una aporta a las demás.
- Promover la redacción de experiencias que se pudieran implementar como documentos educativos de construcción colectiva.

CONSTRUCCION DE REDES

El inicio

Nuevamente vuelven a resonar las palabras de Mony Elkaïm que iniciaran este camino de trabajo con redes: "Como precondición para la creación de una red de solidaridad, tratamos de que los miembros de la red se compenetren de la manera en que el problema de un individuo es el de un grupo atrapado en las mismas contradicciones" (Elkaïm, M.).

Uno de nuestros lugares de trabajo: la escuela ubicada en el pueblo de Bonpland, a 70 km de Posadas, capital de la provincia de Misiones.

Ahí se realiza el segundo encuentro de la región NEA. Es la primera intervención en una localización. También se encuentran ahí docentes de la escuela de San Pedro, distante a 300 km de la capital provincial;[4] alrededor de treinta docentes que asisten a un "seminario coordinado por los especialistas de Buenos Aires sobre educación no formal", junto con el coordinador general e integrantes del equipo técnico. El primer impacto se produce cuando luego de las presentaciones, sentados en un círculo en el comedor de la escuela, se les pide su opinión, la más personal posible, acerca del tema. Tímidamente las personas comienzan a hablar hasta que de a poco relatan sus experiencias como docentes fuera del ámbito de la institución: el ámbito no formal.[5] El primer tramo se realiza durante la tarde del primer día; fue útil para descentralizar la atención del grupo de nuestra intervención y posibilitar un papel protagónico de los participantes en la tarea, descubriendo semejanzas y diferencias entre ellos, valorizando sus ideas con respecto al tema convocante.

---

4. Este encuentro se realiza luego de tres días de trabajo con las seis provincias de la región NEA en la ciudad de Posadas, al cual asistieron cuarenta participantes, la gran mayoría técnicos educativos, salvo la provincia anfitriona que invitó a docentes.

5. Cabe aclarar que en términos tradicionales se denomina educación no formal a aquella que se realiza fuera del aula y no es sistemática. La concepción nuestra plantea que no hay división entre formal y no formal, sino una educación que surge de la construcción de sus protagonistas.

"*Docente 1*: ¿Puede ser que las actividades no formales tengan otro nombre? Nosotros hicimos reuniones con los colonos para una acción de capacitación técnica.
Docente 2: ¿Pueden ser acciones de extensión? La escuela entrena al equipo de fútbol de Bonpland porque el club pidió esa colaboración.
Docente 3: Hacemos visitas a los padres. Hasta nos dieron soluciones para arreglar las escuelas.
Docente 4: No formal sería aquello que no está en la planificación.
Docente 5: Entonces es lo que hacen en las Escuelas de Familia Agrícola. Trabajan junto a la familia.
Docente 6: Me rompieron el esquema. Hasta ahora para mí era sencillo: lo que se daba dentro de la escuela era formal, y lo que no, era no formal."

Durante el segundo tramo, la mañana del segundo día, los docentes continúan trabajando de forma entusiasta, descubriendo cuántas actividades de "educación no formal" se habían realizado y planificando otras nuevas a realizar. Esto lleva a plantearse una contradicción: ¿la escuela está dentro o fuera de la comunidad? Si se visualiza a la comunidad como fuera de la escuela, ¿dónde está la escuela y dónde están ellos, los docentes? Surge entonces con vehemencia la decisión de integrarse a la comunidad, pensando numerosas actividades para lograrlo.

"*Coordinador*: ¿Cuál es la ventaja que ustedes ven en integrarse a la comunidad?
Docente 1: Hoy hablamos de salir a la comunidad; pero es como dejar la pelota picando y sin tocarla. El problema es cómo asumimos el rol de ser comunidad adentro y afuera, y comprometernos tanto adentro como afuera.
Docente 2: Todo pasa por el sentimiento de identidad, pertenencia y compromiso; esos son los lazos que nos van generando un *interés común*.
Docente 3: ¿Por qué no podemos contestar qué ventaja tiene para nosotros? Si todos queremos cambiar.

> *Coordinador:* Cambiar no es sencillo y es importante tomarse el tiempo necesario para decidirlo. Detengámonos acá y tomemos el tiempo del almuerzo para que ustedes puedan pensar si se planifican o no nuevas actividades para realizar. Nosotros nos vamos mañana y los que quedarían con la responsabilidad de realizarlas son ustedes.
> *Docente 4:* ¿Qué hacemos, empezamos cuando tengamos todo claro o nos vamos aclarando mientras hacemos?"

En el tercero y último tramo, realizado durante la tarde, se visualiza una toma de conciencia con respecto a la responsabilidad que les cabe en el accionar, la capacidad de plantearse metas mínimas y la posibilidad de discutir las soluciones a partir de las contradicciones en el propio grupo. Se produce un notable fortalecimiento de la relación entre el grupo de la UEP y los representantes de las escuelas.

> "*Director UEP*: Estuve reflexionando que la UEP no va a bajar ninguna línea de acción más porque estamos sobrecargando a las escuelas y que sólo vamos a acompañar a aquellas acciones que ustedes decidan.
> *Docente 1*: Estoy de acuerdo, porque bastantes cosas no resueltas tiene la escuela como para agregar otras nuevas.
> *Docente 2*: Coincidimos con esto y vimos que lo que vamos a realizar es lo que ya teníamos planeado, que son las visitas a las familias.
> *Docente 3*: En nuestra escuela [San Pedro] continuaremos con las huertas familiares.
> *Docente 4*: Lo vamos a hacer y después veremos si es formal o no formal."

Tal vez resulte difícil transmitir en este escrito la vehemencia, el afecto, la emoción con que el grupo fue apropiándose de su espacio cotidiano de trabajo.

Progresivamente los integrantes comprenden la legitimidad de sus acciones y que este proceso debería consolidarse consensuándolas con los destinatarios. Este primer tramo del proceso de nuestra intervención encuentra algunas explicaciones en lo desarrollado por Etkin y Schvarstein (Paidós, 1989).

> El enfoque de la autoorganización se caracteriza por plantear los acoples y relaciones de la unidad con su entorno y destacar la capacidad de las organizaciones sociales complejas para generar en forma continuada sus propios elementos constitutivos, aquellos que la mantienen en funcionamiento (pág. 103).

Revisando el proceso dado a lo largo de los cuatro encuentros, este primero permite hallarnos nuevamente frente al sabio principio de que si queremos que algo cambie debemos empezar por cambiar nosotros mismos.

En este caso, se tomó conciencia de que solicitar la participación, la responsabilidad, el protagonismo de los demás sólo podría lograrse reflexionando sobre la propia inclusión en el proceso, y que una vez asumida la decisión de qué se quería cambiar sobrevendrían dos movimientos: uno hacia "adentro" de la propia institución, con los pares, compañeros cotidianos de tarea, y otro hacia "afuera", las familias que enviaban a sus hijos a la escuela. El cambio se produciría con el propio protagonismo.

Se resuelven entonces dos acciones simultáneas a realizar hasta el segundo encuentro regional que se llevaría a cabo el mes siguiente: una, llevar a cabo un taller de transmisión y apropiación crítica a todos los docentes de cada escuela, y la otra, iniciar la actividad con las familias a cargo de un grupo promotor.

La consolidación

El segundo encuentro se lleva a cabo en la provincia de Entre Ríos, en dos lugares sucesivos, la ciudad de Paraná y la de Villaguay.

La necesidad de dar un hilo conductor a este artículo obliga a realizar un recorte de la multiplicidad de acciones de autogestión que se sucedieron desde el primer encuentro en todas las provincias. Seguiremos centrados en el proceso que se desarrolló entre los integrantes de la provincia de Misiones y en la escuela de Bonpland. Concurren a este encuentro dos técnicos del área educativa y dos docentes de cada una de las escuelas de dicha provincia, elegidos por sus propios pares a partir de los talleres realizados en ellas.[6]

6. En este encuentro participan un promedio de cincuenta personas representando a

Resulta interesante observar la simultaneidad de dos procesos. Por un lado, la consolidación de las redes de relación intrainstitucionales (Escuela Bonpland, Escuela San Pedro, UEP) así como las interinstitucionales dentro del mismo programa (Escuela San Pedro-UEP, Escuela Bonpland-UEP, Escuela San Pedro - Escuela Bonpland).

Rescatamos algunos testimonios vertidos en ese encuentro:

> "*Docente 1*: Uno tiene conceptos pero, cuando los conversa, los confronta y comienza a construir una nueva idea. Mira lo propio de otra forma. Descubre que tenía muchas cosas.
> *Docente 2*: Antes del encuentro de Bonpland estábamos haciendo cosas que no pasaban del voluntarismo personal, y el encuentro nos permitió incluirlas en una planificación de conjunto.
> *UEP*: El encuentro anterior nos posibilitó un replanteo positivo. Integramos el equipo UEP, ya que veníamos trabajando escindidos por programas. Empezamos a pensar acciones concretas con las metas mínimas que queríamos lograr. Pudimos "leer" de otra forma los trabajos de otras provincias, lo cual nos permitió modificar nuestro marco conceptual.
> *Docente 3*: Yo no estuve en Bonpland, pero observamos un gran cambio de actitud en los que sí estuvieron; por eso pudo haber un replanteo cuando nos transmitieron la experiencia.
> *UEP*: Pagamos muy cara la incomunicación que tuvimos con las escuelas. Entre ellas se inició un proceso de intercomunicación, asumido por los alumnos de los centros de estudiantes."

Fue muy significativo que lograran visualizar su propia red de comunicaciones, diagramada en un mapa de su provincia. La consigna con la que se trabajó fue la de utilizar como referencia la señalización habitual de los mapas viales. (Anexo, gráfico 1.)

Por otro lado, se le otorga un gran impulso al trabajo con las fami-

---

técnicos y docentes de cada una de las seis provincias que integran la región. De las seis, tres envían docentes. El resto, sólo técnicos educativos. Cabe aclarar que el día que se trabajó en la escuela de Villaguay, todos los participantes solicitaron la inclusión de los alumnos de dicha institución en la tarea.

lias. Es notable cómo éste asume las características de un trabajo multifamiliar. Dada la distancia que media entre la residencia de cada familia, se las zonifica agrupándolas entre diez y quince, utilizando para la reunión las propias casas o sedes de organizaciones intermedias; se desdibujaban las fronteras entre el "adentro" representado por la escuela y el "afuera", para formar todos parte de la comunidad interesada por un problema común a resolver.

En el anexo agregamos el informe elaborado por los docentes, evaluando la acción emprendida.

Jean Piaget plantea que la adaptación es un equilibrio entre la asimilación y la acomodación. La asimilación de un nuevo elemento implica que, al integrarlo a la organización, ésta se conserve como estructura organizada. Hay acomodación del ciclo de asimilación si, al asimilar el nuevo elemento, resulta modificado por éste. (Piaget, 1969.)

Etkin y Schvarstein plantean que

La adaptación es una transformación interna que resulta de la conjunción o acople de los factores ambientales y las capacidades internas... (pág. 108).

La organización social crea un medio en el cual se realizan las transformaciones [...] La organización produce estos cambios en el espacio (dominio) de sus acoples estructurales con los sectores específicos del contexto; hay una coadaptación o adaptación activa (pág. 109).

Al finalizar el encuentro, los participantes se proponen trabajar en sus escuelas el material recogido en él, pero ya no sólo con los docentes sino también con los alumnos.

Luego de un mes y medio, nos encontramos por última vez en la localidad de Misión Laishí, provincia de Formosa.

La provincia de Misiones concurrió a este encuentro con dos técnicos, tres docentes y tres alumnos de cada escuela, todos ellos elegidos por sus pares.[7]

---

[7] En este encuentro participaron alrededor de cien personas, en su gran mayoría docentes de las escuelas de las distintas provincias. Dos de ellas participaron también con alumnos.

Es muy significativo el hecho de que todos traían un conocimiento claro de lo trabajado en el encuentro de Paraná, debido a la transmisión realizada.

Es necesario volver a remarcar que, en función de la mayor claridad de este trabajo, seguiremos como hilo conductor la participación de los representantes de Misiones, pero la dimensión que adquirió este último encuentro evidenció múltiples procesos de consolidación de redes en las distintas provincias.

Particularmente en el grupo misionero se detectaron cambios de actitud que daban cuenta del trabajo realizado:

- Participaron voluntaria y activamente en la redacción del encuentro, tarea que hasta el momento había sido realizada por nosotros.
- Durante el encuentro fueron promotores permanentes de ámbitos de intercambio entre pares; los alumnos con otros jóvenes; los docentes entre ellos y los técnicos con otros representantes de este nivel.
- Asumieron como propio el objetivo de trabajo del taller, centrándose en la tarea planteada, "coordinando" con el equipo de conducción.
- Evidenciaron actitudes de solidaridad con los otros frente a situaciones críticas que se vivieron.

Algunos testimonios vertidos en el cierre de este último encuentro fueron:

> *"Docente 1*: Estamos avanzando, aunque lentamente. Hay gente que se integra y otra que no. Pero respetamos a los que les cuesta cambiar pero tienen intención de cambio.
> *Docente 2*: La UEP nos abrió este espacio de participación y ahora estamos en un punto irreversible desde el que no podemos volver atrás. Tenemos que asumir el compromiso de las acciones que nosotros mismos hemos planificado y esto debe pasar por compromisos personales.
> *Alumno 1*: Queremos agradecer que se nos deje participar porque eso nos posibilita entender el proyecto en que estamos.
> *Docente 3*: Estos encuentros nos hicieron comprender que un enfoque integrador pasa por pensar al hombre como una unidad interactuando con el medio.

LA RED DOCENTE EN ACCION   85

Docente 4: Pudimos darnos cuenta de que otras provincias tienen problemas e interrogantes similares, y que el encuentro regional dio pie para buscar soluciones entre todos.
UEP: Es importante ensanchar las bases de participación en el proyecto educativo, docentes, alumnos, padres, organizaciones intermedias, pero a través de una participación que comprometa.
Alumno 2: Es necesario que se integren a los encuentros alumnos de otras escuelas; si no, no tenemos con quién intercambiar nuestras ideas."

Red de redes

Al finalizar nuestra tarea, recibimos material de la provincia de Misiones que daba cuenta del trabajo que la red había continuado realizando. De modo que este trabajo finalizará con testimonios de sus integrantes.

Pero antes de ello quisiéramos citar una reflexión de Jacques Pluymaekers y otra de Mony Elkaïm (Elkaïm y otros, 1989):

> Una práctica de red consiste en crear el contexto donde las redes puedan emerger... Crear el contexto donde emergían las redes —poco importa aquí cuál era el tipo, familiar, social o institucional— respondía directamente a la necesidad de permitir que la gente se ayudara a sí misma, utilizando sus propios recursos. Pensábamos que a través de estas redes se podía enfrentar mejor el riesgo de control social mediante un nivel de intercambio más igualitario (págs. 104-105).

[...] El problema es, pues, el siguiente: ¿en qué medida nuestra práctica no implica a menudo aquello que se espera de nosotros, es decir, control social? ¿En qué medida nuestra práctica podría orientarse hacia una mayor liberación? ¿Y en qué consiste esta liberación?... (pág. 151).

Finalmente diríamos que las redes sociales son sistemas abiertos que a través de un intercambio dinámico entre sus integrantes y los de otros grupos sociales posibilitan la potenciación de los recursos que poseen. El efecto de red es la creación permanente de respuestas novedosas y creativas para satisfacer las necesidades e intereses de los miembros de una comunidad, de forma solidaria y autogestora.

El equipo de Bonpland continuó realizando talleres de autogestión, coordinados entre docentes y alumnos.

En éstos participaron técnicos de la Unidad Ejecutora Provincial, docentes y alumnos.

El tema convocante fue:

a) ¿Cómo estábamos antes?
b) ¿Cómo estamos ahora?
c) ¿Cómo queremos estar?
d) ¿Cómo hacemos para pasar de b) a a)?

He aquí algunos testimonios de los distintos grupos de trabajo:

a) ¿Cómo estábamos antes?

> Allá por el año 78 una familia muy humilde, enterada de que en Bonpland había un colegio, decidió mandar a sus hijos allí, pero como vivían lejos tendrían que internarlos y, como el colegio no contaba con residencia, sus hijos no pudieron ir a esa escuela.
> Luego surgió la idea de que una familia cuidaría a los alumnos. Más tarde un número de familias mandaron a sus hijos allí para que recibieran educación. Las chicas estaban instaladas en el Tenis Club y eran cuidadas por la madre de dos chicas, quien cocinaba para las que allí residían. Los varones estaban en el local de un partido político y eran cuidados por el señor José Molinas, que se turnaba con el señor Alonso.
> Pensamos que, cuando nosotros vinimos, muchos nos sentimos mal porque solamente trabajábamos y había poca comunicación entre profesores y alumnos. Había poca producción.
> Al principio del programa era todo un desorden, no se controlaba nada: el profesor llegaba, daba su clase, mandaba a trabajar y no se fijaba si estaban las herramientas y los productos.
> Por lo que nos contaban no teníamos nada. No había residencia, no contábamos con elementos, tanto en la chacra como en el colegio, ya que en la chacra se trabajaba por lo general con la mano, porque no había suficientes herramientas. Había un colectivo que recorría las colonias para que los alumnos pudieran estudiar y muchos vivían en el Tenis Club, vivían solos y sin

coordinador y había poca coordinación tanto en la chacra como en el colegio.

En residencia, a veces nos sentíamos solos, sin respaldo, muy exigidos, también necesitábamos hablar con una persona mayor y no teníamos con quién.

Nos sentimos mejor si hay mayor comunicación.

b) ¿Cómo estamos ahora?

Ahora que se implementó este programa se ha mejorado mucho, en gran parte, en todos los aspectos, tanto en residencia como en el colegio y chacra. Hay algunas fallas, por ejemplo, antes se tenía postre, se comía mejor, y ahora no hay postre y a veces la comida no es pasable, cosa que antes no sucedía; tal vez sea por la grave situación económica en que se encuentra todo el país. Pero también está la parte buena, ya que, en cuanto a la comodidad, la residencia mejoró mucho.

También se les da mucha libertad a los integrantes, pero no a los superiores. Falta más comunicación entre preceptores y alumnos.

Ahora hay más producción, tenemos más elementos de trabajo; los profesores demuestran cambiar de actitud para que así haya más comunicación.

Y que sepamos el porqué de nuestras malas notas.

Ahora en el área didáctico-productiva se ha mejorado mucho. Hay más control y cuidado de las herramientas y en cuanto a equipamientos y maquinarias éstas han mejorado.

Hay más progreso porque tenemos residencia y más herramientas, pero no lo suficiente, porque en la chacra no hay tanto progreso ya que no podemos bastarnos sólo con las herramientas que hay; también falta orientación, ya que lo que nos enseñan la mayoría ya lo sabe.

Se tiene que nivelar lo teórico con lo práctico, por ejemplo: nosotros estamos dando en la teoría las partes del motor pero en realidad si ahora nos muestran un motor desarmado y nos piden que lo armemos no sabríamos por dónde empezar. Otro ejemplo: algunos alumnos que tienen avicultura escriben la mayor parte de la hora y a último momento deben limpiar el gallinero.

La propuesta de los alumnos es que se nivele lo teórico con lo práctico y a su vez que se lo explique sobre lo escrito en clase.
Se ha ido mejorando poco a poco en las tres áreas del colegio. La residencia se está mejorando gracias al sistema de coordinación a través de la organización de comisiones de padres que trabajan para recaudar fondos y así reparar los daños. Con respecto a la comodidad, falta lugar. La comunicación entre alumno, preceptor y coordinador ha mejorado.
Tenemos comunicación con otros colegios de nuestro plan y con otros.

c) ¿Cómo queremos estar?

Queremos que haya más comunicación entre preceptores y alumnos, que haya mejor producción en la chacra, que en el colegio se anime más a los alumnos para que sigan adelante y no se los desanime.
Queremos más fuentes de trabajo porque todo lo que se aprende acá ayuda a hacer el trabajo en casa.
Queremos que el coordinador nos ayude a salir adelante, que no huya cuando sucede algo, que asuma su responsabilidad y que nosotros también asumamos la nuestra, con la ayuda de los preceptores; que éstos no se escondan cuando roban o sucede algo, sino que nos ayuden para que esto funcione.
Queremos estar mejor organizados pero con la ayuda de todos, no sólo mandar y no hacer, como hay muchas personas.

d) ¿Cómo hacemos para pasar de b) a c)?

Proponemos que para mejorar esto podríamos hacer reuniones aquí, en residencia, donde los alumnos pueden hablar de inquietudes. Reuniones como ésta que hacemos hoy se pueden hacer una vez al mes.
Que los docentes y coordinadores nos hagan llegar sus propuestas, que exista mayor comunicación entre alumnos y profesores, que no tengan vergüenza cuando un alumno les pregunta algo y no contestan.

Este grupo de primer año propone hacer por lo menos una reunión por mes en el patio de la residencia.

Proponemos una mayor participación de las familias de los alumnos, como en los orígenes. Y no sólo para pedir recursos económicos.

Hay que aprovechar las visitas, continuando con la reunión de varias familias en una casa para que entre ellas puedan pensar ideas para mejorar la escuela de sus hijos y en qué se beneficia la familia con la educación que ellos reciben.

ANEXO DE LA PARTE SEGUNDA

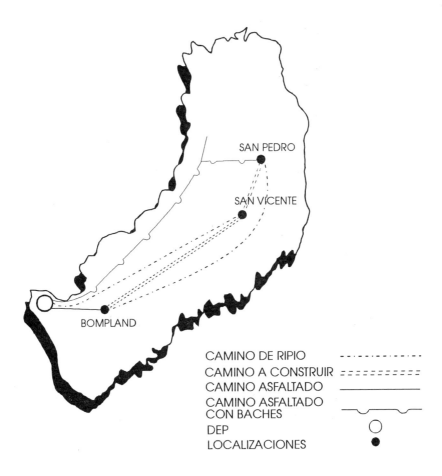

Misiones: comunicación de la UEP con las localizaciones y entre ellas.
Camino a construir = = =Camino de ripio —．—．—．
Camino asfaltado ——
Camino asfaltado con baches
UEP
Localizaciones Θ

PLANIFICACION DE UNA ACTIVIDAD NO FORMAL A REALIZARSE
EN EL BACHILLERATO CON ORIENTACION LABORAL POLIVALENTE Nº 10
DE BONPLAND, MISIONES

Acción: Visita a los padres de los alumnos residentes.

Descripción: Localización geográfica.

Objetivos:	A) A largo plazo:	Integrar toda la escuela a la comunidad.
	B) A corto plazo:	Retroalimentación de información.
		Formar comisiones de padres.
		Elegir delegados ante consejo asesor.
		Cubrir necesidades de la residencia.

Participan: Alumnos, docentes y padres.

Organización de la acción: A) Concienciación de los colegas (compromiso).
B) Representantes por cada área.
C) Frecuencias: semanalmente, en distintos lugares.
D) Recursos: propios (vehículos, efectivo, etc.).

Seguimiento de la acción: Con la participación de docentes designados.

Evaluación: Los grupos que trabajaron en las acciones y en el seguimiento evaluarán los resultados efectivos, de aprendizaje, materiales.

PROPUESTA
SOLICITAR UN CARGO PARA EDUCACION NO FORMAL

Informe parcial de las actividades no formales planeadas por el Bachillerato Polivalente Nº 10 de Bonpland, Misiones

Acción: Visita a los padres de los alumnos residentes.

Desde principios del mes de mayo y respondiendo a la planificación de actividades no formales realizadas, miembros de las distintas áreas de este bachillerato efectuaron visitas a los padres de alumnos que viven en la residencia estudiantil "Amistad" de esta localidad.

Los docentes que participaron de esas actividades, hasta la fecha, son:

A) *Por el área de residencia*: Luis Pedrozo (coordinador) y los orientadores Estela Ríos, Jorge Sosa, Fabián Acuña y Carlos Heinrich.

B) *Por el área Didáctico-Productiva*: El ingeniero José Molina (coordinador) y los profesores del área Rosendo Viana y Neldo Sauer.

C) *Por el área pedagógica*: Los docentes Magdalena Wolemberg, Arnaldo Idzi, Carmen Larrea, Amanda Gómez y Ana María Cichannowski.

Las reuniones se llevaron a cabo en las escuelas, salones comunales, cooperativas y casas de familia de las localidades de la provincia, a saber: Olegario V. Andrade, Candelaria, Hipólito Yrigoyen, Santo Pipo, Leandro N. Alem, Dos Arroyos y Picada Unión.

De todas las reuniones realizadas se destaca la participación de un alto número de padres en las zonas rurales y en los pueblos chicos (90 %), no así en Leandro N. Alem (ciudad de 30.000 habitantes) donde asistieron solamente el 35 % de los padres convocados. A pesar de un segundo intento, ese porcentaje no cambió mucho. En todas ellas se eligieron delegados/as para que integraran el Consejo Asesor de la escuela, que se reunirá una vez al mes. Se organizaron de tal modo que los delegados no pagarán los pasajes hasta Bonpland y harán reuniones entre los padres de cada comunidad, antes y después de las reuniones del Consejo.

En cada una de las reuniones se presentaron los docentes y los padres y se explicaron los motivos de esta nueva modalidad de encuentros entre docentes y padres. (Responden a la necesidad de conocer la forma de vida de los educandos, sus problemas y su realidad socioeconómica, así como también hacer conocer el estado de la escuela, sus problemas y necesidades. Informar cómo andan sus hijos, sus notas, comportamientos y temas de aprendizaje. También escuchar a los padres, sus quejas, puntos de vista, aportes para un crecimiento conjunto y obtener de ellos, si es posible, ayuda material en mano de obra y elementos para la residencia, ya que el Estado provincial no atiende a esas necesidades.)

También se informó sobre régimen de asistencia, guías de conducta, fecha de evaluaciones y recuperatorios de los alumnos como también las fechas de reuniones del Consejo. De la necesidad de que manden órdenes médicas y, si es posible, medicamentos. Los padres, en su mayoría, manifestaron su satisfacción por el funcionamiento de la escuela, pero se mostraron preocupados por la carencia de camas en la residencia, por la presencia de algunos vidrios rotos, por la humedad que filtra en un baño y porque uno de los calefones no funciona.

Hicieron propuestas de entrevistar a las autoridades educativas para solicitar mayores esfuerzos y mayores montos para el comedor, ya que es insuficiente para una alimentación adecuada de los chicos.

En cada una de las comunidades se organizaron grupos de trabajo para recaudar fondos a fin de paliar la situación.

En Candelaria se compró un tanque de cemento y enviaron a la residencia un botiquín que solucionó el problema por dos meses.

Vidrios, masilla, cemento, brea, cal, elementos de limpieza, focos y otras cosas se comprometieron a enviar los padres (algunas cosas ya llegaron).

Sobre inquietudes rescatamos la preocupación de algunos por el tema de los noviazgos, de los días de salida, por las reuniones bailables, por las visitas a casas del pueblo. Cada una de las situaciones se discutió con los responsables de la residencia y se aportaron ideas.

Como diferencias en la tarea mencionamos el poco tiempo que tuvieron los docentes del área psicopedagógica para reunir los datos que debían brindar a los demás profesores (notas, asistencia, comportamiento, etc.)

En cada una de las reuniones se brindó un detallado informe sobre la marcha del programa en la provincia y la orientación de la escuela.

BIBLIOGRAFIA

Bacalini, Gerardo:"La escuela de familia agrícola", en Dabas, E., *Los contextos del aprendizaje*, E Buenos Aires, Nueva Visión, 1988.

Claverié, Pedro: "El taller, sus características", trabajo inédito.

Dabas, Elina (comp.): *Los contextos del aprendizaje. Situaciones socio-psico-pedagógicas*. Buenos Aires, Nueva Visión, 1988.

Elkaim, Mony: "Sistema familiar y social", en Mauricio Andolfi (comp.) *Dimensiones de la terapia familiar*, Buenos Aires, Paidós, 1985.

Elkaïm, Mony y otros: *Las prácticas de la terapia de red*. Barcelona, Gedisa, 1989.

Etkin, J. y Schvarstein, L.: *Identidad de las organizaciones. Invariancia y cambio*. Buenos Aires, Paidós, 1989.

Piaget, Jean: *Biología y conocimiento*, Madrid, Siglo XXI, 1969.

4. CRECER APRENDIENDO, APRENDIENDO A CRECER. GRUPO INTERDISCIPLINARIO DE APRENDIZAJE Y DESARROLLO

Elina Dabas
Juana Marrón
Jaime Tallis

Yo oigo y olvido, veo y recuerdo, hago y entiendo.
Proverbio chino

LA HISTORIA

El principal interrogante que surge al escribir la historia de este grupo es el de dar un orden cronológico a los hechos. Sabemos que todo lo que se crea es resultado de un largo proceso en el que confluyen motivaciones personales, hechos relevantes de la vida de las personas, coyunturas históricas, sociales e institucionales; consensos acerca de las ideas, entre otros aspectos.

Con toda seguridad, cada quien que escriba la historia resaltará un hecho más que otro; puntuará ciertas fechas en la cronología.

En el recorte que hemos realizado, marcamos como un hito la confluencia de un grupo de pediatras, neuropediatras, psicólogos, psicopedagogos y licenciados en ciencias de la educación, a principios de los años 80.

Dicho grupo se planteó trabajar sobre trastornos de aprendizaje en niños y establecer una relación directa con sus docentes, enmarcando esta tarea en los consultorios externos de la división de Pediatría del Hospital Durand.

Cabe destacar que lo novedoso de este abordaje se centró en considerar el problema de aprendizaje como un problema de desarrollo y no como uno exclusivamente psicopatológico.

Dejó de considerarlo sólo un problema intrapsíquico para, al asumir una concepción del sujeto como biopsicosocial, incluir las múltiples relaciones que lo sobredeterminan: la institución escolar, el docente, la familia, el contexto social.

Priorizó el lugar del pediatra como aquel con quien la familia mantiene un contacto socialmente consensuado, resultando así uno de los que más claramente podrían detectar y prevenir dichas dificultades. Esto abrió un campo que aún no ha sido sistematizado: la formación del pediatra en el área del aprendizaje.

Sin un lugar predeterminado en la estructura de un Departamento Materno-Infantil, enfrentando dificultades de inserción y pertenencia, este grupo generó una tarea que se convirtió en referente y necesaria.

A través de un proceso progresivo se logró la suficiente confianza y credibilidad del sector educación en los profesionales del área de salud con injerencia en el ámbito del aprendizaje, en la medida en que la asistencia continua y periódica a las escuelas, el aporte de soluciones para los distintos problemas que se presentaban, la colaboración en la instrumentación de los recursos que la comunidad educativa posee, posibilitaron disminuir el fracaso escolar y la deserción en los niños. Asimismo, se logró una mayor contención y el apoyo al docente, al mismo tiempo que se profundizó la prevención en lo que respecta a salud escolar.

Los equipos de profesionales del área del aprendizaje y, en algunos lugares, los equipos interdisciplinarios de salud, se convirtieron en un punto de referencia para la resolución de los problemas que afectaban a la población infantil por parte de supervisores de distrito, equipos de orientación escolar, directores, médicos pediatras, asistentes sociales, padres y maestros.

Se revirtió la modalidad tradicional de trabajo con el "niño-problema" ya que al salir de la escuela, y partiendo de la preocupación del docente por aquél, se abordó la problemática desde una perspectiva más amplia que favoreciera tanto a los otros niños como al docente, aportando nuevas soluciones para generalizarlas a otras situaciones similares. Esto posibilitó disminuir las derivaciones masivas a los centros de atención.

Si bien la disminución de la deserción escolar posibilita la continuidad de los niños en los comedores escolares y los controles sanitarios periódicos, y evita la permanencia del niño en la calle, no necesariamente disminuye el fracaso escolar. La continuidad de la tarea en las escuelas permitió trabajar sobre la concepción asistencialista que ellas poseen, producto de un vaciamiento curricular y, por ende, de un vaciamiento de la función docente, la cual afecta al aprendizaje adecuado de los niños. Esto se logró a través de los asesoramientos pedagógicos a los docentes, directores y supervisores.

Dentro y fuera del hospital se fue logrando la profundización del trabajo interdisciplinario, lo cual posibilita abordar a todos los sujetos desde una concepción biopsicosocial.

Unos años más tarde se realizó la ampliación de los programas de prevención a otros grupos etarios, tanto a menores de seis años como a adolescentes.

Las nuevas modalidades asistenciales disminuyeron las largas listas de espera y la deserción de pacientes, así como se incluyó también la demanda espontánea.

Se obtuvo una conformación progresiva de una red interinstitucional de los equipos profesionales de área de aprendizaje a través de un intercambio y capacitación sistemáticos.[1]

Esto posibilitó respetar la especificidad de cada contexto, al mismo tiempo que cada uno incorporó lo que le resultó más apropiado de la tarea de los otros. Asimismo se pudo aprender de los errores de los demás así como aprovechar y ampliar los aciertos. Se posibilitó la extensión de una misma modalidad de abordaje para la mayor parte de la población escolar de la ciudad de Buenos Aires.

Hacia fines de 1989, el crecimiento cualitativo y cuantitativo del espacio creado por la red interinstitucional fue tan amplio que generó una serie de interrogantes y suspicacias con respecto a su función y alcances.

Generado desde una propuesta de autonomía organizacional, crítico con respecto a la modalidad tradicional de abordaje, recibió el peso de lo instituido al cuestionarse la falta de inserción en la estructura reglamentada de los servicios de salud.

Una vez más, lo que no se comprende es fragmentado y cuestionado, promoviendo dudas entre sus integrantes con respecto a la legitimidad de su accionar.

Estratégicamente, se cerró el espacio de encuentros de la red, aunque ésta no se desestructuró. Sus efectos, a través de la tarea y las relaciones, aún persisten. De los equipos participantes algunos crearon

---

1. Durante 1988 y 1989 participaron profesionales pertenecientes a 17 instituciones de salud, reuniéndose con una frecuencia semanal. Rotativamente cada institución presentaba su modalidad de trabajo, logros y dificultades, con el aporte de un discutidor invitado. Se realizaban, además, ocho seminarios anuales de actualización científica.

instancias novedosas de trabajo, otros se diluyeron y unos pocos se adaptaron a la estructura tradicional asistencialista.

Pero nada fue igual luego de esta experiencia. Ilya Prigogine nos ha enseñado que vamos por un camino de creatividad y complejidad creciente. Nuevas categorías conceptuales nos posibilitan enfrentar el desafío de comprender el universo lejos del equilibrio con sus permanentes sorpresas y nuevas posibilidades.

La pesadilla de un destino prefijado es hoy parte de los libros de historia.

LOS FUNDAMENTOS

Casi diez años de trabajo sostenido nos permitieron comprobar lo fructífero de poder pensar el aprendizaje como parte inherente del crecimiento y desarrollo de los seres humanos.

Una práctica cotidiana nos formuló dudas, contradicciones, discusiones, revisión constante de paradigmas.

Innumerables trabajos presentados en talleres, congresos y jornadas nos posibilitaron confrontar nuestras ideas.

Un interés creciente de nuestros colegas, la difusión y réplica de la modalidad de trabajo en otras instituciones, la comprobación de que nuestros pacientes optimizaban sus posibilidades de aprender, nos estimularon constantemente.

Hasta que un día comenzamos a pensar que ese espacio inédito, novedoso, podría adquirir legalidad; que ya había crecido y asumido su identidad.

¿Cuáles eran los aspectos que lo definían?

- No existía en el sistema de salud pública municipal un grupo de estas características que se hallara en funcionamiento.
- Las tareas desarrolladas cubrían una necesidad fundamental, avalada por la cantidad de prestaciones, así como los desarrollos y avances científicos logrados.
- No había otra institución de salud que tuviera un equipo interdisciplinario de tal variedad y desarrollo.

Fue entonces cuando la tarea de todos los días se transformó en el Grupo de Trabajo Interdisciplinario en Aprendizaje y Desarrollo para la Prevención, la Asistencia, la Docencia y la Extensión Comunitaria (GTIAD).²

Esto nos permitió definir más claramente nuestros objetivos, al poder detenernos a pensar en lo que hacíamos.

Nos planteamos entonces:

- Promover el desarrollo del aprendizaje en tanto es parte del crecimiento del lactante, el niño, el adolescente y el adulto.
- Abarcar los distintos niveles de prevención.
- Atender a su desarrollo tanto en el área intrahospitalaria, interhospitalaria y comunitaria.
- Plantear el abordaje interdisciplinario entendiendo el aprendizaje como área específica de crecimiento y desarrollo.
- Dada su especificidad, incluir esta área dentro de los programas de formación universitaria de grado.
- Desarrollar programas permanentes de capacitación de profesionales municipales, del interior del país y exterior.
- Promover el desarrollo de una biblioteca y videoteca del tema con intercambio permanente con otros centros nacionales e internacionales del área y otras afines.
- Promover el desarrollo de un área de investigación que genere nuevos conocimientos y acciones programadas a través de la modalidad de investigaciones participativas.

También fue sumamente interesante cotejar entre nosotros qué conceptos teníamos acerca de la labor desempeñada.

Acordamos que "aprendizaje"

> es el proceso por el cual un sujeto, en su interacción con el medio, incorpora la información suministrada por éste, según sus necesidades e intereses, la que, elaborada por sus estructuras cognitivas, modifica su conducta para aceptar nuevas propuestas y realizar transformaciones inéditas del ámbito que lo rodea. El aprendizaje creativo requiere de la capacidad crítica del sujeto.³

---

2. Creado por resolución 731/89 de la entonces Secretaría de Calidad de Vida de la Municipalidad de la Ciudad de Buenos Aires, bajo la gestión del doctor Alberto Cormillot.
3. Véase "Aprendizaje, creatividad y contexto social", en Dabas, 1988. Desde nuestra sede de trabajo, el Hospital Carlos Durand, fue impulsado por los Dres. Rita R. de Comando, directora del Hospital; Raúl Ruvinsky, jefe del Departamento Materno Infantil; Oscar Machado, jefe de la División de Pediatría, y Raúl Valli, jefe de la Unidad de Pediatría.

Al reflexionar sobre otros conceptos que utilizamos, pensamos que si bien los de crecimiento, maduración y desarrollo están implicados, se refieren desde tres perspectivas diferentes a los procesos evolutivos del ser humano. En tanto *crecimiento* alude a los cambios corporales y *maduración* señala el completamiento de las estructuras biológicas y su más acabada articulación, el término *desarrollo* resulta entre los tres conceptos el más abarcativo, ya que remite a las transformaciones globales que, incluyendo el crecimiento, la maduración y los aspectos psicológicos, conduce a adaptaciones cada vez más flexibles.

Es importante destacar que la organización biológica del sujeto se constituye en la matriz de los aprendizajes posibles, pero teniendo en cuenta que las diferentes interacciones con el medio favorecerán u obstaculizarán el desarrollo.

Ambas cuestiones, orgánica y psíquica, se implican en el concepto de *desarrollo* y se extienden a la estructuración del lazo social en que se anudan.

De hecho, la capacidad de abordar la complejidad y la variedad de situaciones que serán leídas desde esta conceptualización, depende de un equipo que pueda plantearse la interdisciplina como interrogante y como práctica.

La epistemología que el equipo sustenta considera al ser humano como una unidad biopsicosocial, por lo cual el abordaje del problema que lo reúne se debe realizar *interdisciplinariamente*.

En este punto es importante diferenciar el enfoque *multidisciplinario* del *interdisciplinario*. El primero es el caracterizado por una simple yuxtaposición de áreas del conocimiento, en el cual cada disciplina se dedica a su especialidad sin que haya una relación ni se evidencien modificaciones o transformaciones en las disciplinas involucradas. Esta perspectiva es atomística y proviene de una formación que escinde al sujeto y a las prácticas.

Desde la perspectiva *interdisciplinaria*, se parte de problemas, no de las disciplinas dadas. La colaboración interdisciplinaria se da a través de la convergencia de problemas.

La interdisciplina se basa en la complejidad y unidad de la realidad, por un lado, y en la división del trabajo científico necesario para la evolución de la ciencia, por el otro.

Los intercambios entre disciplinas implican cooperación, interacción y circularidad.

Por lo tanto, el equipo de trabajo para constituirse como interdisciplinario se plantea:

a) Trabajar en *equipo* cooperativamente.
b) Poseer *intencionalidad* en la relación entre disciplinas y no relaciones fortuitas.
c) Ser *flexible* en cuanto a la búsqueda de modelos, métodos de trabajo, técnicas.
d) Reconocer divergencias sin adoptar actitudes dogmáticas.
e) Mantener una *cooperación recurrente*. La continuidad en la cooperación entre disciplinas posibilita la cohesión del grupo.
f) Asegurar la *reciprocidad*, la cual está dada por la interacción entre disciplinas.

Con estos requisitos básicos la tarea se ubica en el nivel máximo de integración interdisciplinaria.

En este nivel de articulación, cada disciplina resulta importante en su función y en su individualidad.

De esta manera conjunta se logra conciliar unidad-diversidad y especialidad-universalidad a través de las interrelaciones de diferenciación e integración de las disciplinas.[4-5]

LA ORGANIZACION

El GTIAD cuenta con un equipo de dirección integrado por un médico neuropediatra, una licenciada en ciencias de la educación y una psicóloga.[6]

Siete equipos que venían desarrollando su labor en la división de Pediatría se integran a él, intentando dar mayor continuidad y encuadre a las relaciones espontáneas que ya mantenían.

---

4. Véase "Importancia de la articulación interdisciplinaria para el desarrollo de las metodologías interdisciplinarias", en Elichiry, 1987.
5. Véase Morin, Edgard: "La unidad del hombre", en Apostel, León y otros, 1983.
6. En el momento de su constitución, estaba integrado por el doctor Jaime Tallis, las licenciadas Elina Dabas y Juana Marrón.

Estos equipos son:

- Pedriatría centrada en el aprendizaje y desarrollo.
- Neuropediatría.
- Psicopedagogía y Psicología, con un área dedicada a niños y otra a adolescentes.
- Neuropsicología.
- Sala de Juego y Vida, en la unidad de internación.
- Estimulación Temprana.
- Psicomotricidad.

Cada uno de estos equipos realiza tareas de asistencia, docencia de pre y posgrado, investigación y extensión comunitaria.

Como modo de capacitación e intercambio se organizó un ateneo mensual, donde cada uno de ellos, de forma sucesiva, realiza la presentación de una situación para ser discutida por los demás. Progresivamente se fueron incrementando las relaciones interequipos a partir de un paciente común o en interconsultas.

También, las relaciones con otros servicios del hospital se van incrementando así como con otras instituciones del área, que pueden brindar colaboración y orientación.

LA TAREA

Dentro de la amplitud de la tarea realizada nos pareció interesante rescatar dos de los abordajes, fundamentalmente porque ambos remarcan las posibilidades enriquecedoras de una red interinstitucional.

*Inclusión de un abordaje familiar
en consultorio externo docente.*[7]

Juana Marrón
Susana Frydman

En el Hospital Durand se implementó, desde 1981, un programa

---

[7] El consultorio externo docente es un servicio de la División de Pediatría del Hospital Durand para el control del niño sano y el enfermo, donde los residentes rotan una vez por semana.

que diera respuesta a los requerimientos de la población a través de un consultorio externo docente integrado por residentes, becarios y concurrentes, con el objeto de mejorar la calidad de la atención y promover la formación profesional en la atención externa.

Nos proponemos mostrar una tarea conjunta que se inicia en el año 1989 por contactos realizados entre los profesionales del consultorio externo docente y el equipo de aprendizaje a partir de nuestra participación en un curso sobre el tema, planificado para médicos residentes.

Fuimos invitados a participar y exponer nuestras ideas e intercambiar experiencias acerca de los aprendizajes tempranos y la importancia del contexto familiar en su construcción.

Surgió entonces la posibilidad de nuestra inserción en el Consultorio Externo Docente, para realizar un trabajo conjunto interdisciplinario entre médicos y profesionales dedicados al área del aprendizaje y el desarrollo infantil.

En este consultorio se habían iniciado experiencias similares. El doctor Carlos Levin, la licenciada Elina Dabas y el doctor Héctor Vázquez habían tenido a su cargo la instrumentación de aquéllas. Decidimos retomar ese trabajo en virtud de la necesidad planteada por los médicos residentes.

El objetivo de nuestra inclusión era facilitar el abordaje del grupo familiar del niño con trastornos en el desarrollo y el aprendizaje, ampliando la perspectiva de trabajo; reflexionar acerca de las relaciones médico-pediatra-familia y desarrollar la sensibilidad para evaluar aspectos no médicos del niño y su familia.

De este modo, tratamos de pasar de un interés puesto únicamente en el carácter individual de la patología a un enfoque que incluye el contexto de interacción. Cuestionamos así el presupuesto de que un niño es intrínsecamente normal o anormal, y proponemos la idea de que se trata de niños con trastornos del desarrollo y/o el aprendizaje en situaciones funcionales o disfuncionales, en un contexto particular. Contemplamos dentro del modelo terapéutico la red social y tratamos de modificar en lo posible los patrones disfuncionales entre los sistemas médico-educativo-familiar-individual. Creemos además en la participación colaboradora de la familia como eje de los trastornos.

Una vez definida nuestra participación, elaboramos un proyecto y una metodología para llevar a cabo. Pensamos trabajar de forma conjunta de la siguiente manera:

1. Participación del equipo de aprendizaje y desarrollo en los ateneos que realizan los médicos residentes después de cada jornada de trabajo.

2. Establecimiento de parámetros para realizar derivaciones al equipo de aprendizaje con la participación conjunta de psicólogos, psicopedagogos y médicos.

3. Participación del médico residente que solicita una interconsulta para un caso apuntando a una derivación protegida. Hemos comprobado que hay una relación estrecha entre los tratamientos médicos y el abordaje familiar que llamamos "interconsulta de servicio".

4. Realización de ateneos conjuntos con la presentación de procesos terapéuticos de las familias en tratamiento. (Ejemplos de una situación problema y su posible resolución.)

5. Actualización bibliográfica.

Esta modalidad de trabajo conjunto interdisciplinario ofrece al paciente la posibilidad de ser atendido por un equipo que aborda la problemática familiar. Este tipo de abordaje permite, según nuestra experiencia, profundizar la función del pediatra como acompañante de la responsabilidad de la crianza de las crisis vitales y/o accidentales por las que es consultado.

Se afianza así la función contenedora del pediatra frente a una consulta que supera lo "supuestamente médico".

En las entrevistas conjuntas realizadas con la participación del grupo familiar, del médico y de los integrantes del equipo de familia se evitan sentimientos de inseguridad en el paciente, posibilitando una relación de confianza básica, para el inicio de cualquier abordaje familiar más profundo, en caso necesario.

Permite además al pediatra tomar contacto con un enfoque totalizador, despertando nuevas inquietudes y preguntas.

En esta experiencia, el tema de la interdisciplina evoca una figura diferente de la habitual. Es claro que interdisciplinariedad no es el producto de una ciencia principal que utiliza ciencias auxiliares.

No se trata sólo de una yuxtaposición de saberes sino de posibilitar su puesta en común. El interés no se centraliza ya en los confines o en los límites de las diferentes disciplinas sino se trata más bien de un *conocimiento de los límites*. Parecería entonces que no es la yuxtaposición sino la organización de los puntos de vista de las diferentes disciplinas lo que permitiría comprender la unidad compleja del fenómeno humano. Citando a Edgar Morin, diremos que el sistema humano es una realidad "trinitaria" cuyos términos resultan indisociables por ser interdependientes unos de otros.[8]

Es a este sistema trinitario al que debemos llamar "hombre" y no a un determinado aspecto parcial. El hombre, ser biocultural por naturaleza, no se define alternativamente por referencia a lo cultural. Se define de manera total como ser biopsicosocial.

La disociación patológica mente-cuerpo, característica de las enfermedades psicosomáticas y de nuestra cultura en general, no se limita al "enfermo".

Con este enfoque sistémico donde participan pediatras como coterapeutas se achica la brecha que separa las disciplinas dedicadas a la patología del cuerpo y las que se dedican a la mente, lo que significa el comienzo de un cambio.

El esfuerzo de pediatras, psicólogos, psicopedagogos, debería tender no sólo a la curación de trastornos sino a su prevención, a ayudar a crear condiciones para que estos trastornos no aparezcan. En resumen, a hacer posible el "consultorio del niño sano".

Se trata entonces, en nuestro abordaje, de construir aprendizajes conjuntos entre profesionales de diferentes disciplinas apuntando a una puesta en común.

Aproximación a una evaluación

Juana Marrón
Elina Dabas

Habiendo ya pasado la primera etapa de un trabajo voluntario, espontáneo y sin un lugar asignado en la estructura institucional, surgió en nosotros la necesidad de realizar una evaluación no sólo estadística

---

8. Ob. cit.

Cuadro I. Organigrama del GTIAD.

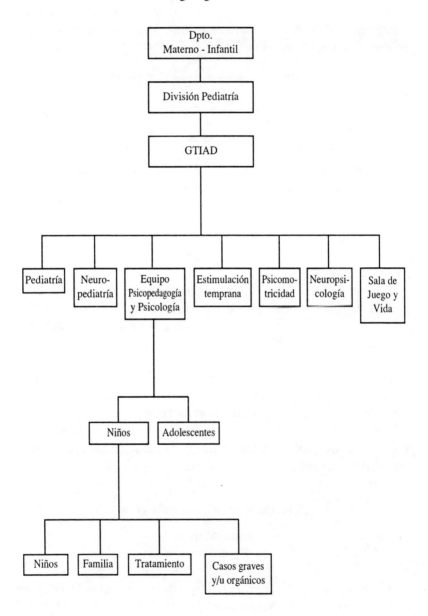

de nuestra tarea, sino de los procesos, con el fin de optimizar logros y aprender de los errores.

Tal vez sin saberlo fuimos construyendo herramientas para la recolección de datos, algunas convencionales y otras no tanto.

Dado que el equipo de psicopedagogía y psicología es el que con mayores herramientas construidas cuenta para el análisis, tomaremos en este apartado lo desarrollado por él (cuadro I).

En esta etapa nos centraremos sobre dos grandes temas:
a) la unidad o equipo de trabajo y b) la organización de la demanda.

a) Unidad o equipo de trabajo

Está definida por dos o más personas que interactúan, cuyo sentido de unidad y continuidad lo da el deseo de alcanzar objetivos comunes.

Los objetivos generales suelen ser decididos por la organización en la que trabajan, en nuestro caso el sistema de salud y más particularmente el hospital, el departamento materno-infantil, la División Pediatría, el GTIAD, el coordinador de cada equipo. De todos modos, sobre esta trama instituida se filtra una serie de situaciones vinculadas a lo instituyente, lo cual lleva a dinamizar los objetivos, a recrear algunas normas y a generar alternativas.

En relación con la unidad de trabajo "Equipo de psicopedagogía y psicología", marcaremos situaciones altamente significativas acontecidas a lo largo de 1990 e inicios de 1991.

- La coordinación del equipo, fundadora de éste, se aleja progresivamente de su función, produciéndose un cambio de persona.
- Desgranamiento de equipo, sobre todo de los concurrentes ad honorem, por razones económicas, lo cual lleva a un cambio permanente y apresurado de profesionales. Dada que esta situación se convirtió en una constante, se adoptó como estrategia incorporar a aspirantes en el último trimestre del año, de modo que, recíprocamente, ellos y el equipo realizaran una selección y adaptación. Si en ambos subsiste el interés y las posibilidades, en marzo se incorporan de manera efectiva a la tarea.
- Falta de comunicación tanto entre los distintos subequipos del equipo de psicología y psicopedagogía como con otros del GTIAD y con servicios del hospital.

- Incremento de la demanda de atención de niños y adolescentes con problemas socioeconómicos que trascienden los trastornos del aprendizaje.
- Dificultad de comunicación con los docentes, tanto por obstáculos planteados por el sector de educación como por el de la salud.

A partir de la evaluación de estas situaciones se plantea como nueva alternativa organizar un *programa interno de capacitación*. Planificado por el mismo equipo a partir de una reflexión acerca de sus necesidades, se sugieren los siguientes pasos:

— selección de temas
— discusión de opciones metodológicas
— elaboración de información
— planificación del programa

Este se centró en la comunicación de experiencias entre los subequipos; intercambiando con otros servicios del hospital a partir de un caso (Servicio Social, Fonoaudiología); invitación de asesores externos para tratar temas específicos (violencia grupal, proceso de representación, entre otros) y supervisión de la tarea.

b) Organización de la demanda

Un profesional que trabaje en un consultorio de un servicio hospitalario, que se vea atrapado por la problemática de sus pacientes y que intente pensar alternativas a lo que escucha, muy difícilmente podría reflexionar sobre las tareas interconectadas que se desenvuelven en torno a esa consulta. Si a la pregunta habitual de "¿Por qué llegó a la consulta?", le agregamos la de "¿Cómo llegó?", nos encontraremos con las características estructurales de la red construida por el servicio.

Dichas características se refieren a su tamaño, distribución, grado de conexión, homogeneidad, heterogeneidad demográfica y su dispersión (área de alcance).

El crecimiento y afianzamiento de dicha red se dará por la posibilidad de preguntarnos "¿Cómo se va el paciente?" y "¿Cómo evalúan los cambios los derivadores y las personas significativas?"

Cuadro II. Organización de la demanda

Subtemas	Subsubtemas	Prioridad	Datos necesarios
Demanda organizada Admisiones multi-familiares	—Relevamiento y tipificaciones —Cuantificación de niños y familiares. —Elaboración de criterios para realizar las derivaciones inter-intraequipos.	—Derivaciones —Seguimientos —Pasajes dirigidos —Deserciones —Comunicación con los derivadores y/o maestros —Presentaciones para niños tardíamente derivados —Entrevistas individuales —Entrevistas individuales antes de ser incluidos en los ámbitos donde se han derivado	—Informe escolar —Informes diagnósticos —Comunicación con los derivadores —Informes de seguimiento en los diferentes lugares de inserción
Demanda libre Entrevista individual Derivación AG NEURO AI FAM	—Relevamiento y tipificación de las necesidades. —Entrevista individual —Elaboración de criterios diagnósticos —Elaboración de criterios de selección para las derivaciones	—Derivaciones —Seguimientos —Deserciones —Comunicación con los derivadores. —Devolución o informe	—Informe del derivador —Informe escolar —Comunicación con los maestros —Informe de seguimiento en los lugares de inserción

AG: Admisiones grupales
AI: Admisiones individuales

FAM: Subequipo familia
Neuro: Neuropediatría

Desde esta perspectiva surgió la idea de analizar cómo se organiza la demanda en el Equipo de Psicopedagogía y Psicología del GTIAD (cuadro II). Esta propuesta permitió visualizar la mayor parte de la tarea que se realiza a partir de una consulta, más allá del dato numérico que puntúa admisiones, deserciones y altas. Cada miembro del equipo del equipo pudo apropiarse del conjunto de las tareas desarrolladas, interrelacionar su accionar con el de otros colegas, acentuar aquella en que no había puntualizado su atención.

Con esta propuesta quisimos mostrar una modalidad alternativa de evaluar participativamente la tarea, tomando en cuenta los distintos elementos que la contextualizan, los cuales, al surgir de los mismos integrantes del equipo, redimensionan la pertenencia y reabren las posibilidades de continuar creando.

REFLEXION FINAL

Creemos interesante señalar que la propuesta previa a la constitución del GTIAD se centró en el fortalecimiento de una red interinstitucional. Vista desde cierta distancia, evaluamos que estuvo destinada a la toma de conciencia de la "legalidad" de una alternativa de abordaje en el área de la salud y una redefinición de la función del profesional en dicho contexto.

Al ser atravesada dicha práctica por la juridicidad del sistema a través de concursos, nombramientos o la misma creación del GTIAD, resultó necesario afianzar el lugar en la institución a través de una conexión e intercambio con sus otras áreas.

Surge la necesidad de dejar de ser los "clandestinos", los "transgresores", para pasar a ocupar un lugar reconocido en la estructura.

Corresponderá a cada miembro del equipo que el peso de lo instituido, la necesidad de formar parte del sistema de salud, no anule la creatividad y la capacidad de preguntarse acerca de su práctica.

BIBLIOGRAFIA

Apostel, León y otros: *Interdisciplinariedad en ciencias humanas*, Madrid, Tecnos-Unesco, 1983.

Dabas, Elina (comp.): *Los contextos del aprendizaje. Situaciones socio-psico-pedagógicas*, Buenos Aires, Nueva Visión, 1988.

Elichiry, Nora: *El niño y la escuela*, Buenos Aires, Nueva Visión, 1987.

Lourau, René: *El análisis institucional*, Buenos Aires, Amorrortu, 1975.

Prigogine, Ilya: *¿Tan sólo una ilusión? Una exploración del caos al orden*, Barcelona, Tusquets, 1983.

Saidón, Osvaldo: *Propuesta para un análisis institucional de los grupos, en lo grupal*, Buenos Aires, Ediciones Búsqueda, 1983.

Tallis, Jaime y otros: *Dificultades en el aprendizaje escolar*, Buenos Aires, Miño y Dávila, 1986.

5. DESDE LA COMUNIDAD HOSPITALARIA HACIA LA COMUNIDAD EDUCATIVA: GRUPOS MULTIRREPRESENTATIVOS.

Olga Schlosser, Adela Bujman
Débora Lusthaus, Ignacio Lares

Rabi Zusia le dijo una vez a uno de sus discípulos: "Si me llegaran a preguntar por qué no he sido Moisés sabría qué contestar. Pero si me preguntan por qué no fui Zusia, no tendré qué alegar...".

MARTIN BUBER,
Tesoro Jasídico de Or Hagamuz

DE COMO LA INTRODUCCION PASO A SER UNA REFLEXION

En la actualidad existen distintas definiciones de salud, que se basan en diferentes "modelos" o "paradigmas" médicos de atención de la salud.

El modelo es para nosotros un instrumento conceptual que permite profundizar acerca de las relaciones entre la creación de la teoría, la transmisión de un conocimiento y la intervención práctica.

La educación comunitaria es definida como un campo teórico de principios e hipótesis que tienden a mejorar la calidad de vida de una población a través del protagonismo de los individuos y los grupos en los asuntos que le competen. Esto implica abordar la solución de los problemas a través de estrategias participativas que van desarrollando el pensamiento reflexivo y la creación comunitaria.

La educación y la participación comunitaria en salud constituyen una unidad conceptual que incluye comunidad, participación, salud y proceso educativo.

La técnica del Taller de Trabajo es una de las modalidades empleadas en el plano de la educación comunitaria, que permite la participación activa de los miembros del grupo en la reflexión de la situación clave y en la elaboración de propuestas de acción.

Nos hallamos en un momento de crisis de paradigmas existentes, correlativa con la crisis de sus prácticas y de sus instituciones. Su solución debe darse desde el campo de propuestas de acción innovadoras que, al desenvolverse, vayan generando el espacio de repensar conceptos.

Consideramos, por nuestra parte, que un modelo de práctica profesional constituye una construcción simbólica cuyos principales objetivos son el conocimiento y la transformación del objeto que sirve de modelo, en una situación que podríamos definir de interacción dialéctica, y que requieren consenso.

Como bien ha señalado Thomas Kuhn, las realizaciones de la "ciencia normal" que definen un "paradigma"[1] poseen principalmente dos características: "investigación basada firmemente sobre una o más realizaciones científicas pasadas y realizaciones que alguna comunidad científica particular reconoce —durante cierto tiempo— como fundamento para su práctica posterior".

El paradigma se expresa, entonces, cuando "los hombres cuya investigación se basa sobre paradigmas compartidos están sujetos a las mismas reglas y normas para la práctica científica". Este compromiso y el consentimiento aparente que provoca son requisitos previos para la "ciencia normal", es decir, para la génesis y la continuación de una tradición particular de la investigación científica.

Para J. Piaget y R. García el marco epistémico completo comprende, además del paradigma social, el "paradigma epistémico", o sea la estructura cognoscitiva, que permite al hombre avanzar en el conocimiento, asimilando los objetos en una reconstrucción dialéctica de estructura y objeto:

> En este proceso de asimilación, el sujeto selecciona, transforma, adapta e incorpora dichos elementos a sus propias estructuras cognoscitivas, para lo cual debe también construir, adaptar, reconstruir y transformar tales estructuras.

Un proceso de asimilación semejante al que se produce en el sujeto cognoscente se da en el nivel de la construcción de la ciencia misma: en sus desarrollos teóricos, selecciona, transforma, adapta e incorpora nuevos elementos y da lugar a la construcción de nuevas teorías.

---

1. Paradigma entendido como la concepción que determina cuál es el tipo de científico y el modelo a seguir en la investigación.

Pero el modelo no sólo abarca la comprensión y explicación de los problemas sino también la intervención sobre ellos, esto es, la práctica profesional.

Creemos que la propuesta de atención primaria de la salud debe ser retomada, reformulada, haciendo énfasis en el carácter potencialmente transformador de algunos de sus postulados.

Y llamamos a esta concepción "participantes" porque sus posibilidades de reformulación pasan por transformar el eje de la participación en el pivote sobre el cual se centra la propuesta: no es un recurso de salud más, sino un entender la "participación" como un instrumento de cambio.

Esto, en salud, implica que la participación se hace en el contexto de una ruptura del vínculo de "poder-saber" entre los técnicos-científicos y la población.

La implementación de recursos humanos no convencionales consiste —desde nuestra concepción— en el hecho de que la población misma se convierta en recurso y participe; los profesionales y técnicos deben descentrarse de su supuesto lugar de poder para construir equipos transdisciplinarios, es decir, equipos con un marco referencial común en reformulación permanente con la comunidad.

Este programa de salud debe integrar un trabajo conjunto con sectores como educación, cultura, producción, vivienda, entre otros.

De nuestra experiencia, las estructuras orgánicas tradicionales perpetúan la centralización excesiva y una perspectiva más de control que de desarrollo, la atención primaria de salud se promueve como si fuera otro programa vertical más, sin relación con los servicios de salud existentes.

Se lo trata, pues, como a otro proyecto especial, y no como a una fuerza unificadora que ensamble los numerosos componentes fragmentarios del servicio de salud.

El aislamiento de la atención primaria respecto de otros servicios de salud reduce la eficacia de todas las partes del sistema asistencial.

Y sin un mecanismo de planificación y evaluación se obstaculiza la institucionalización y permanencia de la atención primaria de salud.

El compromiso institucional es absolutamente indispensable para desarrollar una amplia base de apoyo a la estrategia de acción de atención primaria, para movilizar recursos y para coordinar los diversos sectores interesados y los distintos elementos de cada uno de éstos.

Los responsables de formular estrategias de acción deberían promover la gestión para el desarrollo del proyecto, en lugar de la sola gestión, y sentar las bases para la evaluación de las operaciones de los programas en función del logro de las metas y los objetivos fijados.

Los objetivos a corto plazo se deben fijar cuidadosamente especificando espacio, tiempo, recursos humanos y servicios.

Tal es el caso de la inclusión del equipo de aprendizaje en la atención de adolescentes de los Consultorios Externos de la Sección Adolescencia del Departamento Materno-Infanto-Juvenil del Hospital Municipal Carlos Durand de la ciudad de Buenos Aires, cuyo servicio es público y gratuito.

La modalidad de trabajo del equipo sigue los lineamientos desarrollados por Elina Dabas y otros, en el capítulo "Formación de redes...", en su libro *Los contextos del aprendizaje*, a lo que se suma la propuesta de retomar las acciones de atención primaria de la salud y salida a la comunidad que se ha sostenido y reformulado, planteando además su redefinición constante a partir de la evaluación de la acción.

El Programa de Atención Integral del Adolescente y los principios sustentados por la Sociedad Argentina de Pediatría a través de los Comités de Salud del Escolar y de Estudios Permanentes del Adolescente, constituyen el aval teórico que sostiene la tarea emprendida para la atención de las once escuelas secundarias públicas del Area Programática[2] del Hospital Durand.

La concreción del Seminario Adolescencia y Escuela durante 1987 refleja una tarea iniciada anteriormente, y su éxito resultó un importante antecedente para la realización de los talleres multirrepresentativos llevados a cabo el año siguiente, y que son motivo del presente trabajo.

Inicialmente, y ante el requerimiento del jefe de la Sección Adolescentes, el equipo comienza a estructurar una marcada salida a la comunidad, estableciéndose contacto con las autoridades de la Dirección Nacional de Enseñanza Media y el CONET (Consejo Nacional de Educación Técnica), en respuesta a postulados rectores:

- Se debe atender al adolescente en el medio en que se desenvuelve, y no por urgencias en el consultorio "tras una camilla".

2. Area Programática: extensión geográfica cuya cobertura comunitaria corresponde al hospital, con una población de aproximadamente 3500 alumnos.

- Existe una población adolescente sana, en riesgo potencial, a la que hay que acceder preventivamente.
- Las acciones deben ampliarse a las familias y a la comunidad educativa.

Estamos trabajando en un medio social donde la práctica educativa de la escuela media constituye un requerimiento social.

A partir de nuestra práctica profesional dentro del Sector Adolescencia comenzamos a cuestionarnos acerca de la problemática del aprendizaje en esta etapa.

Las dificultades de los adolescentes no estarían focalizadas en ellos como individuos, sino en su relación e inserción en la institución escolar.

En el sistema educativo se han impuesto modificaciones en la evaluación de los alumnos, en el ingreso a la escuela secundaria, en el régimen de cursada de materias, pero todos ellos, ¿colaboran para establecer las redes sociales que alcancen para transformar verdaderamente el sistema educativo?

Nos preguntamos si los cambios institucionales pueden seguir siendo orquestados desde los estamentos burocráticos del sistema como sucede hasta hoy, o son los propios protagonistas de las instituciones, en su relación de intercambio e interacción, los que deben constituirse en agentes de su propio cambio.

DE COMO LOS PRIMEROS PASOS FUERON ESTRATEGIAS

Los sistemas educativos y de salud responden a un modelo burocratizado y estructurado, con niveles jerárquicos superpuestos, en los que resulta difícil innovar a raíz de la rigidez de sus normas tradicionales.

Al inicio de nuestra tarea, y para evitar el fantasma de la ilegalidad por la omisión de oficio, se procuró comprometer en este programa a las autoridades competentes de ambos sectores, respetando jerarquías y presentando la "documentación oficial" que avalaba las posibles acciones.

Se establecieron contactos facilitados por el jefe de la sección Adolescencia, con autoridades del Ministerio de Educación de la Nación, a través de las inspectoras de la Dirección de Enseñanza Media y del CONET (Consejo Nacional de Educación Técnica) y del Hospital Durand por medio del jefe del Departamento Materno-Infanto-Juvenil y el jefe del Area Programática. A todos ellos se informó acerca de las características del programa a realizar.

Afianzados los primeros contactos con las autoridades, se promovió un encuentro con rectores y directivos de las escuelas secundarias invitadas a intervenir, en el que fueron formalmente presentados los representantes del sector Salud. Se anticiparon asimismo algunos de los objetivos del programa a implementar. Esta instancia se constituyó en el primer taller de reflexión de las problemáticas comunes a las instituciones y generó reuniones mensuales de autogestión para las autoridades de parte de las escuelas intervinientes.

El equipo de Salud convino el encuadre del programa de trabajo, considerándose las siguientes variables:

tiempo: tres encuentros con una duración de aproximadamente tres horas cada uno.
frecuencia: un encuentro bimestral.
espacio: una de las escuelas intervinientes cede su salón de sillas móviles, cuyas características se corresponden con las requeridas para la realización de los encuentros.
participantes: se sugiere para cada escuela la selección libre de tres representantes de cada estamento de la comunidad educativa (alumnos, padres, preceptores, docentes, autoridades) con un máximo de hasta 150 personas de todas las instituciones intervinientes. Que los grupos se conformarían multirrepresentativamente entre los sectores escolares y el equipo de Salud, con hasta 15 miembros y con un coordinador del área de salud. Se valoraría la participación responsable, la integración de las experiencias personales en diferentes instituciones y, fundamentalmente, la intencionalidad operativa, esto es, que el aprendizaje realizado por cada

uno de los grupos pueda ser trasladado por los participantes a sus lugares de pertenencia.

Se estableció que las conclusiones de cada taller serían elevadas a las autoridades pertinentes del Ministerio de Educación y del CONET que, además, participarían de los talleres, asegurando así la comunicación directa de la producción surgida en ellos.

Fueron invitados a participar del programa miembros de otras instituciones hospitalarias y de la Sociedad Argentina de Pediatría, que con anterioridad habían desarrollado juntamente con las escuelas secundarias del barrio de Belgrano de la Capital Federal un programa de "Prevención de la violencia estudiantil".

DE COMO EL CONOCIMIENTO DE LAS HERRAMIENTAS POSIBILITO LAS TRANSGRESIONES

Consideremos que la situación grupal es la que mejor garantiza la toma de conciencia acerca de la naturaleza, obstáculos y objetivos de una tarea de características preventivas y promotoras de salud, a la par que asegura el conocimiento del campo, la capacitación técnica y la cohesión del equipo.

Son necesarios los ajustes realistas, sobre todo si se pretende garantizar cierto éxito. Las disyuntivas conflictivas surgen rápidamente. Es fácil que se produzca un tipo de enfrentamiento latente o explícito entre los promotores jerárquicos del proyecto y los responsables directos de las tareas. Producción de salud equivale a autonomía y autoestima.

Los conceptos sobre los que se desarrolla nuestra metodología son:

—participación
—prevención
—aprendizaje
—agente de cambio
—agente multiplicador
—grupo de reflexión
—taller

Grupo de reflexión

En el modelo con que primeramente nos encontramos, la salida a la comunidad consistía por lo general en la realización de las tradicionales "clases magistrales" por parte de los representantes de las instituciones hospitalarias, hecho que reforzaba el vínculo de "poder-saber" entre los técnicos científicos y la población, y ratificaba el aislamiento de los programas de atención primaria en relación con la demanda real. Nos planteamos entonces abordar nuestra propuesta desde el *grupo de reflexión*.

Se trata de un grupo que funciona en condiciones reflexivas al procurar favorecer la concienciación de sus integrantes, si por este término se entiende el propósito de crear condiciones que permitan incluir, tanto conceptualmente como en el nivel de las personas, las ideas contrapuestas que van surgiendo en los sucesivos problemas con los que se enfrentan los integrantes del grupo, y profundizar su examen y confrontación, transformando los obstáculos teóricos y prácticos en descubrimientos y técnicas.

Se intenta analizar no sólo el texto de la experiencia sino también su contexto.

Estos grupos, en tanto funcionan "desinstitucionalizados", rompen el marco habitual para iniciar otro espacio, otra escena, con tiempo para pensar, tiempo para gozar, tiempo para plantear rupturas liberadoras y nuevas estructuraciones.

Utilizamos los talleres como *agentes de cambio* porque la acción de *aprendizaje* no se da sólo en la persona que participa en el proceso (taller de reflexión), sino que puede proyectarse y transformar el contexto en el cual se mueve.

Estos talleres darán lugar también a una *vivencia* con la participación de las personas que los integran, permitiendo así una *apropiación de la realidad* en tanto que el objetivo final del proceso es la transformación de esa realidad.

Al ser heterogénea la integración de los grupos en los talleres de reflexión, se busca y consigue trabajar la estructura de las relaciones y sus crisis, el crecimiento individual grupal y la autogestión comunitaria.

Al compartir los principios de la totalidad y la equifinalidad del enfoque sistémico se plantea la necesidad de trabajar en equipo, donde el logro o la dificultad no son responsabilidad de uno de sus miembros sino del todo grupal. Desde esta concepción, se generan los *agentes multiplicadores* capaces de promover cambios en su institución y transferir las acciones educativas a otros sistemas en los que se hallan inmersos.

En términos genéricos, definimos el taller como grupo de personas que se reúnen para reflexionar sobre su realidad y operar sobre sus prácticas.

El taller como modalidad de trabajo intenta desburocratizar las relaciones intra e interinstitucionales para constituirse en un trabajo asumido grupalmente por sus propios actores.

A través de esta esperable multiplicación del saber, podemos suponer un mayor alcance de la acción de salud, vinculado a la realidad a partir de sus protagonistas.

Este proyecto se inscribe en una línea de trabajo en la cual estamos proponiendo las posibilidades de cambio de la institución escolar, así como también nuestra propia transformación como profesionales del área de salud.

Nuestro objetivo es generar condiciones operativas de trabajo en la escuela que promuevan prácticas nuevas y una posición activa en el análisis crítico del quehacer institucional.

Además, se intenta establecer líneas de investigación acerca de los procesos de cambio que afectan a la institución escolar, atravesada por múltiples conflictos enraizados en la realidad social.

En síntesis, los talleres aspiran a ser un instrumento de generación de nuevas aproximaciones a la realidad escolar y una instancia para la reflexión teórica y crítica para su transformación.

Con esta modalidad nos proponemos facilitar la ruptura del dualismo sujeto-objeto de conocimiento, pues los actores son a la vez sujeto de sus roles y objeto de la reflexión grupal, pudiendo intercambiarse prácticas, experiencias y sus relaciones escolares cotidianas.

A partir de adquirir capacidad de analizar críticamente el sistema en el que están insertos, pueden optar por modificarlo de acuerdo con una nueva construcción, sin que esto suceda por imposición de un modelo, evitando así la reproducción de relaciones anteriores. Los talleres de reflexión contienen metas alcanzables de acuerdo con el contexto de los participantes y la toma de decisiones a que lleguen como resultado final de la experiencia compartida.

En los talleres de reflexión el agente de salud no debe limitarse al contenido educativo a fin de no descuidar el modo relacional.

Dicho agente es un facilitador de estos procesos, y parte de ellos, al mismo tiempo, es susceptible de recibir de otros y, también, de modificar su realidad. Se trata de un proceso de crecimiento y cambios recíprocos.

El sistema comunicacional de los talleres es horizontal y requiere consenso. Es importante tomar en cuenta algunos de los obstáculos con los que nos hemos encontrado, a saber: la experiencia nos ha enseñado que cuanto más heterogénea es la composición del taller de reflexión, el control de la jerarquía, ya sea institucional o generado por el grupo, tiende a estar cada vez más en manos de los representantes de nivel superior, sucediendo que, con frecuencia, nos hemos dejado seducir por estas voces que nos hacen creer que son representativos de la mayoría.

Pero estos supuestos obstáculos no deben invalidar nuestra propuesta alternativa de integración de grupos heterogéneos en cuanto a las funciones de sus participantes, puesto que, históricamente, la división en cuerpos estancos no fue fructífera; esto parecería ser la denuncia de la realidad escolar y la nuestra propia, en relación con la interacción con otras instituciones.

A través de esta tarea de trabajo en la comunidad con esta modalidad podemos suponer que se puede superar el temor y la falta de experiencia en el participar, generando un espacio diferente de comunicación, movilizador y posible generador de cambio.

La amplificación de la clásica desarticulación entre la gestión de proyectos de salud y su desarrollo en acciones concretas configuró el dispositivo a partir del cual se elaboraron las estrategias de acción.

Las transgresiones

La modalidad de trabajo elegida por el equipo —el taller— intenta desburocratizar las relaciones intra e interinstitucionales, para constituirse en un trabajo asumido grupalmente por los propios actores.

En este caso se realizó una experiencia de grupos multirrepresentativos de la comunidad educativa (autoridades, docentes, administrativos, padres y alumnos) coordinados por un representante del equipo interdisciplinario de Salud, conformado por médicos psicopedagogos, psicólogos y licenciados en ciencias de la educación.

Tanto la modalidad del sistema comunicacional propuesto —horizontal— (que requiere de consenso) y el planteo de la heterogeneidad para el funcionamiento de los grupos es resistido.

En esta experiencia hubo resistencias de algunos miembros representantes tanto de la comunidad educativa como de la de salud a conformar los grupos de reflexión según la consigna planteada. El temor giraba en torno a la posibilidad de ruptura de las jerarquías, pérdida de la pertenencia a un estamento (el de los docentes, alumnos, directores, etc.) y el supuesto lugar de poder que aquélla brindaba.

DE COMO LOS TALLERES SE CONVIRTIERON EN CAMPO DE INVESTIGACION

Modalidad de trabajo

a) *Propósitos:*
Pre-taller —Reunión con los rectores y representantes del Ministerio de Educación con el fin de explicitar los objetivos del programa y lograr un consenso para las acciones a realizar.

Primer taller —Se plantean los problemas a debatir.

Segundo taller —Se seleccionan temas de debate en los grupos de reflexión y soluciones tentativas a implementar, a partir de las problemáticas planteadas en el taller anterior.

Tercer taller —Se prosiguió con la tarea emprendida en los talleres anteriores, focalizándose en la posible creación intrainstitucional de talleres de convivencia y la evaluación de las posibles dificultades y obstáculos para su concreción.

b) *Planificación:*

9.00	—Apertura. Organización en grupos multirrepresentativos.
9.15	—Coordinación de los grupos. Lectura y elección de los temas a debatir.

10.30	—Elaboración grupal de una síntesis escrita que incluya: —Problema abordado —Posibles soluciones —Sugerencias para la instrumentación en las instituciones.
11.15	—Plenario lectura de las producciones grupales ordenadas con criterio temático.
12.00	—Cierre

c) *El primer taller*

Los concurrentes, representantes de la comunidad de la salud y educativa, se ubicaron como si se tratara de una "clase magistral".

La consigna del equipo organizador provocó un impacto: se invitó a formar grupos multirrepresentativos con una selección al azar.

Estos se combinaron según el número (del 1 al 10) que cada participante había recibido al ingresar en el taller. La consigna dada al público por parte de los coordinadores fue la de acercarse al representante del equipo de Salud que exhibiera su mismo número.

La intención fue romper con el aglutinamiento sectorial e intrainstitucional, favoreciendo la apertura, el intercambio y la fractura de la división en cuerpos estancos.

Esta modalidad de trabajo generó las previsibles resistencias, ya que los participantes intentaron mantener el modo de comunicación conocido, frente al temor del cambio.

Finalmente y, ante la reiteración de la consigna, se logró la organización requerida.

En cada grupo se generó un espacio de intercambio y manifestación de las propias experiencias cotidianas en los establecimientos educativos a los que pertenecían y de las problemáticas emergentes.

Este episodio fue demostrativo del sistema de comunicación entre los sectores protagonistas del quehacer educativo, que mereció para este equipo un análisis contextual ampliado, teniendo en cuenta la historia particular del autoritarismo de la sociedad argentina.

Este obstáculo, considerado inicialmente como un error en la organización, generó una alternativa para la conformación de los grupos en los talleres siguientes. Se evitó en ellos la inclusión de miembros de distinto nivel jerárquico de una misma institución, promoviendo una forma de participación democrática que tendiera a redefinir la red institucional dentro de un modo comunicacional alternativo, donde el flujo de la información no se inhibiera.

El esquema de trabajo del taller constó de un primer momento de planteo grupal de los problemas institucionales a debatir, para llegar al plenario, en el cual cada grupo expuso su síntesis.

Los temas abordados en los diferentes grupos coincidentemente fueron los siguientes:

- En relación con los contenidos escolares, el reconocimiento de su necesaria actualización, de acuerdo con el grupo etario adolescente, contemplando sus intereses y necesidades.
- Se planteó la reducción del número de asignaturas para el ciclo básico (recordemos que en el sistema educativo argentino hay un mínimo de 11 materias, con poca o ninguna articulación programática).
- La organización de cursos niveladores, tendientes a un mejor enlace entre los ciclos primario y secundario.
- La posibilidad de ampliación del "Proyecto 13"[3] a otras escuelas, tendiendo a una ampliación extendida.
- La utilización de los medios masivos de comunicación, especialmente la TV, para el desarrollo de programas que aborden los problemas de la escuela media y contenidos de interés para los adolescentes.
- En relación con el alto ausentismo de los docentes, se propuso la promoción de actividades alternativas para el alumnado.
- Se contempló que el alto número de alumnos por cursos dificulta la tarea y la efectiva vinculación docente-alumno.
- Se observó la falta de concordancia entre la oferta de espacios escolares con la explosión de la matrícula.
- Se consideró el posible beneficio de orientación a los alumnos, previo a su ingreso en los niveles secundarios y terciarios.
- Se evaluó la necesaria reestructuración de los planes de estudio de los niveles educativos para una adecuación a la realidad socioeconómica, propiciándose salidas laborales escalonadas.

---

3. Proyecto piloto llevado a cabo por la DINEM en contadas escuelas.

- Se debatió acerca de la normatividad disciplinaria vigente en las escuelas y la necesidad de su modificación.
- En relación con el rol del "celador",[4] se propuso un reconocimiento distinto, ya que la tarea no debería centrarse únicamente en la represión disciplinaria, sino en un real acompañamiento de los jóvenes. Para ello se consideró relevante que los "preceptores" (ya no celadores) recibieran una formación adecuada sobre la población adolescente a la que se vincula su tarea.
- Se consideró necesaria tal preparación también para los docentes.
- Se propuso la atención particular de las situaciones de riesgo que conducen al fracaso escolar.
- Se consideró la necesidad del cuidado de los edificios por parte de la comunidad escolar.
- Se promovió la formación de comisiones con representatividad de los diferentes actores de la institución escolar para la toma de decisiones.
- Se consideró importante la inclusión de profesionales del área de salud en la escuela, para un trabajo conjunto (talleres para la convivencia), así como la promoción de talleres de reflexión que abarquen desde los problemas cotidianos hasta aquellos dirigidos al cuidado de la salud.

El proceso de confrontación de los diferentes sectores (alumnos, profesores, autoridades, padres, profesionales) hasta ahora estancos facilita la descentralización de los participantes, y sobre las contradicciones surgidas comienza a producirse un proceso de aprendizaje que inevitablemente llevará en sí una nueva organización con la legalidad distinta en la acción de apropiación de la realidad.

Sobre las producciones grupales es que los participantes vuelven a trabajar, taller tras taller, debatiendo los conflictos y afirmando las acciones superadoras que conllevan un reequilibrio mayor y distinto del del punto de partida.

El rol del coordinador que no responde a una programación previa se centra en la facilitación de la comunicación, lo que promueve la construcción grupal, y de ella intenta hacer emerger las contradiccio-

---

4. O preceptor: encargado de tareas administrativas y de control.

nes que en la dinámica quedan ocultas, favoreciendo la toma de conciencia.

Para el segundo taller se respetó la modalidad de trabajo del primero, resolviéndose la tarea dentro del mismo encuadre.

Se distribuyó a los grupos multirrepresentativos la lista de inquietudes surgidas en el encuentro anterior, con la consigna de seleccionar tres de ellas para el trabajo grupal y la confección de una síntesis escrita que incluyera el problema abordado, posibles soluciones y sugerencias para implementarlas en las instituciones.

Durante el plenario se dio lectura a las producciones grupales ordenadas con criterio temático.

La más relevante y reiterada fue la relativa a la creación de talleres de convivencia dentro de cada institución.

De modo que el punto de partida del Tercer Taller fue la lectura de las conclusiones tomadas de dos grupos participantes en el segundo encuentro, las cuales fueron sometidas a debate.

Grupo 1: ...Proponemos un taller de convivencia compuesto por alumnos, preceptores, docentes, padres y autoridades, donde éste sea el canal de discusión sobre la realidad del colegio y que sea complemento de este taller, el gabinete de Salud...

Grupo 2: ...Esto puede solucionarse por implantación de régimen de convivencia con aporte directo de equipos de Salud...

En un primer momento del trabajo grupal se producen las propuestas para la creación de un taller de convivencia en cada institución y se ofrecen sugerencias para su funcionamiento.

En una segunda instancia se trabaja el funcionamiento de un taller de convivencia a través de *role-playing*, donde se intercambian los roles, con el objeto de visualizar al otro en perspectiva, lo que permitió efectuar el análisis desde niveles diferentes. Por ejemplo:

> Nosotros somos los [...] del taller que se creó en nuestra escuela"... ¿Cómo nos vemos?
> ... en relación con los profesores...
> ... en relación con los rectores...
> ... en relación con los padres...

... en relación con los alumnos...
... en relación con los preceptores...
... en relación con los inspectores...

DE COMO LAS CONCLUSIONES PASARON A SER UNA REFLEXION

La numerosa concurrencia y la alta participación de los grupos convocados a estos encuentros hablan por sí mismos del interés y la necesidad que estos espacios parecieran cubrir y reforzarían la relevancia del concepto de prevención que todo buen servicio de salud, a partir del marco de su disponibilidad de recursos, no puede soslayar.

Desde la perspectiva ideológica y epistemológica del equipo, los problemas de salud ya no son más de exclusiva consideración médica y, además, de respuesta única intrahospitalaria; no tienen que ver sólo con la aparición de un síntoma clínico, psicológico y/o psicopedagógico. Lo atendible no son sólo los efectos de su pérdida sino que pasaría también por el reconocimiento de factores sociales, económicos, ambientales, políticos e institucionales vinculados a la salud de la comunidad y de sus individuos.

La planificación moderna de la salud debería terminar con los departamentos estancos de los diferentes organismos (hospital por un lado, y escuela por el otro), y así generar un máximo aprovechamiento dentro de una nueva red en donde se redefinen roles y conductas, y también la participación, tal como en esta experiencia en la que se promovió la participación efectiva de equipos multidisciplinarios que junto a las instituciones, como en este caso las once escuelas de enseñanza media, se reunieron para reflexionar sobre su quehacer y sus necesidades.

La concurrencia media en estos tres encuentros fue de 150 personas en cada uno de ellos, a las que no sólo consideramos como multiplicadores de un nuevo accionar, sino también como agentes de salud en sus propias instituciones.

Si partimos de una conceptualización amplia e integradora de la salud, en la que los sujetos aprenden a apropiarse de sus posibilidades de crecimiento y desarrollo biopsicosociales, que los potencian en el ejercicio de conductas autónomas, creativas y de compromiso solidario con su medio, nuestra mira como equipo de Salud debe estar, como en esta experiencia de extensión comunitaria, orientada a la prevención de la salud a través de la promoción del protagonismo y el restablecimiento de las redes institucionales, en cuyo seno, espacio natural y cotidiano de la inserción de los adolescentes, deben generarse las acciones y estrategias acordadas por los propios actores, facilitando la remoción de obstáculos y el afianzamiento del compromiso social.

Además, si se afianza como en este caso la modalidad de participación junto a la comunidad, el hospital brindaría un cambio de imagen que generaría confianza en la institución, al reconocerla no sólo como prestataria de atención secundaria, sino como efector al servicio de la educación para la salud, reforzando oportunamente acciones que la favorezcan y promoviendo la prevención y asegurando un mayor bienestar para los adolescentes.

El presente trabajo se estructura a menos de un año de la experiencia de grupos multirrepresentativos, por lo que estamos alcanzando los primeros objetivos; el conocimiento acerca de la realidad de los adolescentes en su inserción escolar; la representación que los propios integrantes de las instituciones educativas tienen de sí mismos y del equipo de Salud; la posibilidad de que en las instituciones escolares se estructure una modalidad alternativa de comunicación que promueva normas compartidas; la participación en las discusiones sobre los asuntos escolares, todo lo cual conduciría al afianzamiento del sentimiento de pertenencia y protagonismo, evitando la apatía y el endurecimiento de las relaciones y un mejor aprovechamiento de los contenidos escolares.

Todo esto se supone en movimiento a través de la lectura de las conductas y acciones institucionales que, a posteriori de los talleres, se nos presentan para la observación:

- En un liceo se realiza una reunión de profesores y preceptores de primero y segundo año, a solicitud de ellos, con la coordinación del equipo de salud; situación inédita para la institución en los últimos años.
- En una escuela técnica se solicita un taller de reflexión sobre el rol docente y los factores de riesgo en los adolescentes, en el que se afianzó el concepto sostenido por el equipo: "El docente como agente de salud".

- En otra escuela participamos de una reunión de autoridades y docentes con la intención de develar juntos el malestar institucional que llevó al enfrentamiento con los alumnos. Se propuso un programa de acciones institucionales que facilitarían la superación del problema.
- En otra escuela nuestra intervención se focalizó en el afianzamiento de un modelo de "red" para trabajar en la prevención de la deserción escolar. Esta tarea surge a partir de la consulta a este equipo de una alumna que había abandonado sus estudios.

Evaluando nuestro accionar, sostenemos que quizá sea éste el camino de realización profesional: "...De cómo las reflexiones pasan a ser nuevas aperturas...".

UNA APERTURA POSIBLE. "CAMINANDO JUNTOS"

Olga Schlosser
Pablo Bottini

La labor consecuentemente desarrollada y el conocimiento y confianza que la comunidad educativa tenía del equipo de salud posibilitó implementar un Programa de Formación de Redes Solidarias, a partir de dicho equipo (Grupo de Aprendizaje y Desarrollo, División Pediatría, Hospital Carlos Durand) hacia el sistema educativo de enseñanza media, para la formación de un centro que estimule la actitud responsable de los jóvenes respecto de la prevención del fracaso escolar, la violencia y las adicciones.

Frente a una realidad social e institucional desalentadora para los jóvenes en edad escolar secundaria, el Programa Caminando Juntos ha intentado constituirse en una opción que favorezca su ubicación y contención, en tanto ofrece un claro proyecto de características solidarias. Dicho programa promueve que los jóvenes del ciclo superior (4º y 5º años) acompañen a los menores (1º y 2º años) en su inserción y trayecto en la institución escolar. Por consiguiente, abarca a una población cuya edad oscila entre los 13 y los 19 años.

La adscripción al Programa, tanto de los jóvenes como de los preceptores y profesores, es voluntaria, y las tareas se realizan en las horas en que los jóvenes permanecen escolarizados.

Caminando Juntos responde a un nivel de planificación de base participante, descentralizado, en el que la población interviniente define las acciones de acuerdo con sus necesidades.

El trabajo de Equipo Técnico perteneciente al Equipo de Adolescencia del grupo de Aprendizaje y Desarrollo[5] impulsó un proceso educativo para poder modificar una marcada actitud de pasividad e indiferencia ante las autoridades y el resto de la comunidad educativa.

Las tareas que se desarrollan son:

- Visitas periódicas de los acompañantes mayores a las aulas de los menores, tarea que realizan en grupos de dos o tres integrantes. El objetivo es generar un espacio de confiabilidad que permita a los menores apelar a sus acompañantes en caso de necesidad.
- A partir de las demandas planteadas, comienza a prestarse nuestra ayuda a los grupos de jóvenes que así lo requirieran.
- Con diferentes modalidades, los jóvenes fueron acordando temas de interés común, tales como sida, sexualidad, adicciones, violencia, entre otros. Se orienta a los jóvenes mayores a que estimulen a los menores en la búsqueda de información propia, para luego poder abordarla en discusiones grupales.
- En los encuentros semanales de seguimiento de las acciones realizados con los voluntarios se abordan los temas más preocupantes o dificultosos que se presentan durante la tarea. Así, entonces, entre los jóvenes y los técnicos, se sugieren alternativas, se discuten opciones, se brinda información (vivencial y técnica), realizándose una verdadera tarea de capacitación, que posibilita una mejor comprensión de las problemáticas comunes.
- Se realiza una búsqueda de alternativas al tiempo libre disponible, por ausencia de los docentes, entre horas de la institución, fundamentalmente fomentando la realización de actividades recreativas y lúdicas que se adapten al cambio escolar.
- Tareas de promoción hacia otras escuelas de la zona. Es una de las acciones que más han impactado a los jóvenes voluntarios, ya que

---

5. El coordinador de la sección Adolescencia de la División de pedioatría es el doctor Jorge Vukasovic.

ha significado para ellos una revalorización de su rol de "mayores", más allá de las puertas de su escuela.
- Cabe destacar que las acciones de promoción son planificadas con los jóvenes promotores, como forma de reconocimiento y estímulo a la tarea por ellos realizada, a la vez que se encuadra en las acciones de capacitación previstas.

Hasta el momento son dos, entonces, las escuelas donde se está implementando este programa, ambas pertenecientes al Area Centro de la ciudad de Buenos Aires.

A modo de evaluación podemos decir que los logros obtenidos hasta el momento son:

- Mayor fluidez en la comunicación de los jóvenes de diferentes niveles dentro de la escuela.
- Detección y posterior derivación de casos problema al Centro de Atención Hospitalaria.
- Orientación a preceptores, profesores y dirección en casos de baja complejidad, evitando así el aumento de dichos casos y promoviendo soluciones rápidas, que además revalorizan el rol de la autoridad dentro de la comunidad escolar.
- Potenciación de las actitudes responsables de los jóvenes, así como su jerarquización como "los mayores" en el ámbito educativo, con el concomitante aumento de su autoestima y su capacidad de solidaridad.
- Aumento de la comprensión de la problemática vital de los jóvenes, tanto para ellos mismos como para los adultos que acompañan este programa.
- Detección y contención de actitudes violentas o potencialmente violentas entre la población escolar.
- Evitar el abandono precoz de los estudios al generar acciones que encauzan adecuadamente las dificultades escolares o de relación de algunos de los jóvenes estudiantes.

La mejor síntesis queda expresada en algunos de los testimonios de los participantes del Programa:

Directora de escuela: "Me di cuenta de que necesitaba ayuda, ya que era imposible resolver todos los problemas que se presentaban, y pensé que los chicos más grandes serían los mejores colaboradores".

Alumna de 5º año: "Lo más difícil es reconocer que necesitás ayuda, pero cuando lo lográs, cuánto mejor estás en la escuela".

Alumno de 4º año: "Una de las cosas que más me impactaron fue darme cuenta de que había chicos que no sabían dónde estaban parados y cómo uno podía ir poco a poco orientándolos".

BIBLIOGRAFIA

Aberastury, A., Knobel M.: *La adolescencia normal*, Buenos Aires, Paidós, 1984.
Bravo, Héctor Félix: *Educación popular*, Buenos Aires, Centro Editor, 1983.
Dabas, Elina: *Los contextos del aprendizaje*, Buenos Aires, Nueva Visión, 1988.
Dulanto Gutiérrez, E.: "El aprendizaje social en la adolescencia. Propuestas", Apuntes tomados en las VII Jornadas de Adolescencia, Htal. Dr. A. Zubizarreta, "Adolescencia, familia y sociedad II". Buenos Aires, 1988.
Elkaïm, Mony: "Sistema social y sistema familiar", en M. Andolfi y otros, *Dimensiones de la terapia familiar*. Buenos Aires, Paidós, 1985.
Keeney, B., y Ross, J.: *Construcción de terapias familiares sistémicas*, Buenos Aires, Amorrortu,. 1987.
Pavlovsky, Eduardo: *Adolescencia y mito*, Buenos Aires, Búsqueda, 1977.
Selvini Palazzoli, Mara: *Al frente de la organización*, Buenos Aires, Paidós, 1986.
Tedesco, Juan Carlos: *El proyecto educativo autoritario*, Buenos Aires, Grupo Editor Latinoamericano, 1985.
Ulloa, Fernando: "Grupo de reflexión y ámbito institucional en los programas de promoción y prevención de la salud", en Grimson, R.(comp.): *Nuevas perspectivas en salud mental. Intervenciones y problemas*. Buenos Aires, Nueva Visión.

Parte tercera

LA RED COMO ALTERNATIVA AL DESARROLLO COMUNITARIO

6. AUTOGESTION COMUNITARIA ASISTIDA DE ASENTAMIENTOS POPULARES URBANOS: UN METODO DE TRABAJO CON LA COMUNIDAD

Lucila Pucci

INTRODUCCION

Nuestras ciudades latinoamericanas se caracterizan por ser el escenario de profundos procesos de segregación socioespacial. En ellas, como manifestación de estos procesos de exclusión, los asentamientos populares urbanos constituyen —por el ritmo expansivo alcanzado en los últimos años— una parte apreciable de la trama urbana generada a partir de la autourbanización y autoconstrucción llevada a cabo por sus propios pobladores. Así, barriadas, favelas, ranchadas, pueblos jóvenes, chabolas y villas emergen en el contexto de los grandes aglomerados conformando bolsones de miseria.[1]

Los sectores pobres y empobrecidos urbanos invierten en la producción del hábitat su propio trabajo y una gran cantidad de sus escasos bienes, que complementan con el reciclaje de materiales desechados por el resto de la población (chapas de carteles, cartones, bolsas, mobiliario y artefactos domésticos usados, etcétera).

De esta forma, los asentamientos populares urbanos son expresión de la más aberrante injusticia social, a la vez que de la creatividad de la cultura popular y testimonio de cómo estos sectores poblacionales resuelven estratégicamente sus necesidades básicas.

El reconocimiento de este protagonismo indiscutible de la comunidad en la producción de espacios donde desenvolver su cotidianidad ha dado lugar a que, con su intervención, se llevaran a cabo algunos

---

1. Se calcula que en el año 2000 al menos el 50 % de las unidades habitacionales urbanas en América latina estarán localizadas en asentamientos precarios y/o irregulares.

emprendimientos ligados a la mejora de estos hábitats deficitarios. Estos supusieron un vuelco fundamental en la concepción de estas acciones, que pasaron de la erradicación a la radicación en el sitio, y del autoritarismo políticoy técnico a una democratización de la gestión.

En estos emprendimientos la actuación profesional ha cobrado una dimensión distinta que merece ser valorizada, ya que implica una práctica social comprometidamente renovada. A ella han aportado los nuevos paradigmas de las ciencias sociales y los cambios de actitud en quienes desde el campo de la arquitectura y la planificación urbana han pretendido abordar esta problemática.

Una de las dificultades que los equipos técnico-profesionales han debido enfrentar en nuestro país, para colaborar con la comunidad en la consolidación de esas áreas urbanas, fue su propia formación académica. Alejados ya de las turbulencias político-ideológicas de los años 70, los aspectos conceptuales, operativos e instrumentales desarrollados por las distintas disciplinas en este campo se mostraron insuficientes para enfrentar las exigencias del nuevo rol.

Arribar a una sistematización metodológica que se mostrara fértil para la actuación de equipos profesionales involucrados en este tipo de emprendimientos comunitarios constituye el objetivo terminal de un trabajo de investigación que desarrolla la autora de estas líneas.[2]

El objeto del presente artículo es transmitir algunos de los resultados de esta investigación, aquellos ligados a ciertos principios teóricos, estrategias operativas y procedimientos elementales que conforman la propuesta básica del trabajo con la comunidad en emprendimientos de autogestión asistida de asentamientos populares ubanos.

La ausencia, por razones de espacio, de explicitación de las técnicas específicas y la similitud que en el nivel conceptual y metodológico este tipo de intervenciones guarda con otras de carácter comunitario hacen que, tal vez, su contenido interese a una gama más amplia de lectores.

Durante su elaboración, el trabajo de investigación sufrió distintos planteos y reformulaciones, hasta que en 1990 encontró su cauce definitivo. En una primera parte se orientó hacia el desarrollo de técnicas

---

2. Este se lleva a cabo en el ámbito del Area de Investigaciones Proyectuales dependiente de la Secretaría de Investigación y Posgrado de la Facultad de Arquitectura, Diseño y Urbanismo de la Universidad Nacional de Buenos Aires.

para "el diseño integral y participativo del hábitat", y se sustentó en el método científico hipotético deductivo. Estas técnicas requerían ser inscritas en un proceso metodológico más amplio, para cuya explicitación se procedió a la observación sistemática de experiencias ya implementadas. Para ello se recurrió a la bibliografía existente que daba cuenta de estos emprendimientos en distintos países latinoamericanos y a la realización de entrevistas a informantes calificados residentes en el país, integrantes de organismos gubernamentales, no gubernamentales, cátedras universitarias y a profesionales de distintas áreas disciplinarias que pudieran aportar al esclarecimiento de la temática tratada.

El resultado de esta fase de la investigación permitió constatar algunas cuestiones previsibles, como la utilización de un abordaje interdisciplinario, la promoción de la participación y autogestión comunitaria y la utilización de ciertos procedimientos básicos, pero no facilitó el rearmado de un modelo de actuación. Esto se debió, fundamentalmente, a que en la mayoría de los casos las cuestiones de orden metodológico no aparecían formuladas explícitamente y debían ser deducidas a partir de objetivos, acciones encaradas y resultados obtenidos.

Ante esta situación, la búsqueda se reorientó hacia la sistematización de la experiencia acumulada mediante la formulación de un método de trabajo con la comunidad que resultara adecuado para la actuación profesional en el contexto de emprendimientos de mejora de asentamientos populares y, a su vez, que diera cuenta de los supuestos conceptuales en los que se basaba.

Un hecho felizmente circunstancial permitió imprimir a la tarea un vuelco significativo. En 1989 la implementación del programa Reconstrucción de Barrios del Instituto de la Vivienda de la Provincia de Buenos Aires[3] me llevó como coordinadora de un equipo municipal a involucrarme activamente en un proceso que, por su carácter, coinci-

---

3. Este programa se desarrolló durante la gestión como subsecretario de Urbanismo y Vivienda del arquitecto Guillermo Ballestieri. El equipo provincial encargado de su implementación estuvo coordinado por el arquitecto José Miño y conformado por los arquitectos Daniel Damiani y Gabriela Mercerat; las sociólogas Leticia Elena y Susana Ferraris y los licenciados Elina Dabas y Gerardo Bacalini. Este programa constituyó la primera respuesta institucional, desde un área de gobierno, para financiar procesos de consolidación de asentamientos precarios y/o irregulares. El mismo se sustentó en dos políticas básicas: la descentralización administrativa y la participación efectiva de los beneficiarios en todas las etapas del proceso.

día con aquellos de los que daba cuenta la investigación.[4] La integración de ambas prácticas, en principio imprecisa, se transformó luego en un hecho consciente a través de la aplicación del método de la investigación-acción.

Este método científico se fundamenta en una concepción dialéctica de la producción del conocimiento al que se supone generado a partir de la interacción pensamiento-acción. El objeto de conocimiento es la praxis misma, y el sujeto resulta un sujeto activo, no sólo comprometido con los cambios y transformaciones de las que participa sino a la vez reflexivo, para poner en duda esa praxis y someterla a rigurosa convalidación.

Las ventajas que el método aporta cuando la praxis abordada implica operaciones en redes sociales, tal como sucede en los emprendimientos comunitarios, es que el conocimiento resultante es producto sintético, a su vez, de la interacción dialéctica entre el conocimiento generado a partir de la praxis disciplinar y el generado a partir de la praxis de la comunidad. Implica un aprendizaje en el que se encuentran comprometidos el pensar, el hacer y el sentir.

A lo largo de la experiencia, las interacciones surgidas entre los miembros del equipo técnico municipal y de éstos con la comunidad fueron enriquecidas con las establecidas con otros equipos técnicos municipales, con el equipo provincial y con pobladores de otros barrios incorporados al programa.[5] Esto, sumado a los aportes previos de informantes calificados y lecturas bibliográficas, generó un ámbito tal de intertextualidad e intersubjetividad que, hoy, resulta imposible en él diferenciar fuentes sin caer en olvidos imperdonables.

---

4. El equipo de la Dirección de Planeamiento y Desarrollo de la Municipalidad de General San Martín estaba conformado, además, por la trabajadora social Rosalía Castello y los arquitectos Cristina Rodríguez, Osvaldo Moterrubianessi y Damián Herrera. El objetivo general de su accionar fue reconstruir la Villa Pilar, consolidando el grupo social allí radicado, lo cual constituyó en ese contexto un emprendimiento piloto de gestión urbana participativa.
5. Uno de los mecanismos más salientes que el programa creaba era la conformación de una "comisión de proyecto" con representación de los vecinos, los técnicos del municipio y los coordinadores provinciales del programa. Por otro lado, con la colaboración de FUNDARED (Fundación para la Promoción y el Desarrollo de Redes Sociales) se llevaron a cabo Encuentros Interbarriales e Intermunicipales, que se sumaron a la participación en los Encuentros Provinciales de Tierra y Vivienda y permitieron tejer una red comunicacional y afectiva en la que se intercambiaron experiencias, se plantearon problemas, se evaluaron procesos y circularon ansiedades en ámbitos de participación efectiva, capacitación y contención.

Por ello, los resultados que más adelante se expresan no tienen más criterio de originalidad que constituir una tarea reflexiva sistemática y en los cuales muchas de sus formulaciones no son un reflejo sustantivo de los hechos, sino un modelo deseable no alcanzado ni acabado en función de la praxis misma desde la cual se reflexiona. Su valor sólo radica en constituir un punto de partida abierto a la discusión e intercambio que permita perfeccionarlo y readecuarlo.

LOS ASENTAMIENTOS POPULARES URBANOS

Los asentamientos populares urbanos, precarios y/o irregulares implican, hoy en día, la problemática urbana más crítica a encarar en nuestras ciudades latinoamericanas. Su conformación deviene de la injusta distribución de los bienes y servicios urbanos, debido a lo cual amplias capas de la población, cada día más empobrecidas, se ven privadas del acceso a la tierra, la vivienda, las infraestructuras básicas y los equipamientos sociales.

Estos asentamientos constituyen una respuesta estratégica de los sectores populares a sus propias demandas de habitación, no satisfechas por un sistema urbano cuya producción formal los margina. Las estrategias populares para la generación de hábitat en el cual desarrollar su vida cotidiana, incluye una variada gama de producciones espaciales que van de la autourbanización a la autoconstrucción como procesos de apropiación, uso y ocupación del espacio.

Los procesos de autourbanización se corresponden con la apropiación del suelo mediante la ocupación pacífica de tierras vacantes, la delimitación en ellas de espacios circulatorios, parcelarios y libres públicos sin la intervención de los organismos competentes y la incorporación irregular de ciertas infraestructuras mínimas. El suelo autourbanizado es destinado por la población, en primer lugar, al uso residencial y, en forma secundaria, a distintos usos de producción informal o de servicios sociales y comerciales.

Dichos procesos pueden extenderse de forma progresiva en el tiempo o ser producto de una invasión masiva en lapsos muy cortos (a veces de sólo una noche). Los espacios delimitados dan lugar a un entramado en constante transformación, en consonancia con la densificación del lugar. Los procesos de autoconstrucción, por otro lado, tienden a implantar en dicha trama equipamientos de condiciones precarias y habitabilidad deficitaria.

El espacio material resultante es altamente flexible a la dinámica de cambio y altamente vulnerable. Su estructura no es caprichosa: es la manifestación del proceso sociocultural que dio lugar a su conformación. Reconoce en cada caso una especificidad concreta, propia de una construcción colectiva e histórica, y se corresponde con categorías perceptuales y comportamientos de sus moradores.

Las comunidades que habitan los asentamientos se caracterizan por ser marginadas por el resto de la sociedad. Son núcleos poblacionales de origen extraurbano[6] sometidos a acciones de dominación cultural, segregación social y, aun, de discriminación étnica, que se encuentran impedidas de acceder al proceso productivo dominante y, consecuentemente, al mercado de consumo a lo que se agrega una bajísima capacidad de decisión y participación política.

En el interior del grupo social residente existen relaciones altamente críticas basadas en desigualdades e injusticias de distinto orden. Los liderazgos no sólo se basan en el poder económico o en la capacidad aceptada y asumida por ciertos vecinos para encauzar las reivindicaciones sentidas; también existen complejas redes asentadas en el clientelismo, especialmente político. Parte de esas relaciones se sustentan en el parentesco y el compadrazgo.[7]

Las familias que lo componen se ven obligadas a desenvolverse en un estado permanente de crisis, donde hay una profunda disparidad entre las propias demandas y los recursos disponibles para satisfacerlas, como una circunstancia inherente a la vida cotidiana. De esta forma, las relaciones de intercambio recíproco y ayuda mutua entre familias se transforman en uno de los ejes de los patrones de comportamiento que posibilitan la supervivencia de muchas de ellas.

Las redes de interacción social, así, son complejas, polifuncionales y ambivalentes. Conforman un entramado vinculado a la cohesión y

---

6. Si bien cada vez de forma más indirecta, por cuanto en la actualidad es habitual encontrar pobladores de tercera generación de villeros urbanos, o inmigrantes del interior, o de países limítrofes con una historia de migraciones sucesivas a ciudades de mayor tamaño cada vez.
7. La institución del compadrazgo permite a familias sin relación consanguínea vincularse estrechamente al "apadrinar" a los niños, transformando a sus padres y padrinos en compadres.

organización comunitaria; la subsistencia económica; la recreación de los valores culturales, y el sostén y contención afectiva de sus miembros. Pero, al mismo tiempo, son vehículo de difusión y reproducción de las injusticias y de los valores culturales de la sociedad más amplia, las que se manifiestan en la estratificación interna.

En dichas redes, el sistema de vínculos que implica la cohesión y la identidad comunitaria no sólo adopta la forma de estrategias de supervivencia generando meras respuestas adaptativas, sino que en determinadas circunstancias —principalmente ante agresiones explícitas del entorno— se convierte en el soporte primario de respuestas organizativas nuevas. Esto es porque, al constituirse en el ámbito de reproducción social y simbólica, se convierte en un medio apto para canalizar respuestas no pautadas en situaciones coyunturales.

ASENTAMIENTOS POPULARES Y GESTION URBANA

La inexistencia de una política de planificación urbano-regional que reconociera esta realidad injusta y desequilibrada impidió una acción masiva y efectiva para su superación.

Tradicionalmente, en nuestro país, las intervenciones urbanas se centraron en la erradicación como método (más o menos coercitivo, según el modelo político imperante), tendientes a desalojar las "villas miseria" y a llevar a su población a vivir a nuevos conjuntos habitacionales construidos al efecto.

La evaluación de estas gestiones no puede ser menos que negativa, ya que el desarraigo, la pérdida de la cultura de referencia, la ruptura de redes sociales e interpersonales de sostén y contención y la de los circuitos de intercambio informal y ayuda mutua subsumieron a las ya castigadas familias en marginación y aislamiento, a veces superiores a la situación originaria. Por otro lado, los espacios diseñados y construidos casi exclusivamente por arquitectos en nada respondieron a los valores culturales y patrones de comportamiento en el espacio de estas comunidades, lo que produjo una ausencia total de identificación respecto del lugar que les fuera asignado.

Hasta el presente no es mucho lo que se ha avanzado al respecto. La falta de recursos financieros y políticas apropiadas, salvo algunas excepciones remarcables,[8] hace que si bien no se produzcan desalojos, los asentamientos se expandan y multipliquen librados a su suerte. No obstante, existe un nivel creciente de conciencia en algunos sectores respecto de la necesidad de implementar acciones de consolidación urbana que tiendan a mejorar las condiciones de vida en el mismo sitio, respetar los esfuerzos realizados por la comunidad en la producción de su hábitat, reforzar su identidad y propender a positivizar su interrelación con el entorno urbano.

En los últimos años se han llevado a cabo algunos emprendimientos dirigidos a mejorar la calidad urbano-ambiental de asentamientos populares. Estas propuestas, en muchos casos de pequeña escala, puntuales y dispersas, se basan en marcos ideológicos y dinámicas de trabajo que han demostrado en los hechos concretos cierto nivel de éxito y conforman un variado espectro en el cual avizorar una forma renovada de desempeño profesional.

De los distintos tipos de emprendimientos llevados a cabo en los que ha intervenido la comunidad y referidos al campo del hábitat popular,[9] los correspondientes a la mejora o reconstrucción de villas y asentamientos son hasta el momento los menos numerosos en cantidad, pero inversamente los que han beneficiado a un mayor número de familias.

Las intervenciones implementadas han sido de distinto carácter, cuyos objetivos y líneas de acción varían en función de la institución promotora y las condiciones concretas de vida y organización de la población beneficiada. Derivados de ello, se aprecian disimilitudes en las formas de actuación de los equipos técnicos y su inserción relativa respecto de la comunidad y la institución que los contiene.

La complejidad intrínseca a la gestión urbana de consolidación en el sitio de villas y asentamientos radica no sólo en la diversidad de cuestiones a resolver (regularización del dominio, saneamiento ambiental, provisión de infraestructuras y equipamientos sociales bási-

---

8. Nos referimos en especial al ya nombrado programa de Reconstrucción de Barrios del Instituto de la Vivienda de la provincia de Buenos Aires (1989/92) y a algunos intentos llevados a cabo por distintos institutos provinciales.

9. Entre ellos cabe mencionar los ligados a la urbanización de tierras vacantes mediante la generación de lotes con servicios, a la autoconstrucción de unidades habitacionales mínimas y progresivas, el mejoramiento de viviendas deficitarias en lote propio, el reciclado de conventillos, etcétera.

cos, distribución equitativa de la tierra, mejora y/o reconstrucción de unidades habitacionales, relocalización temporaria de las familias durante la ejecución de las obras, etc.), sino también en la multiplicidad de actores sociales que directa o indirectamente quedan involucrados, y la contraposición de intereses y conflictos que históricamente los ha vinculado.

El éxito o fracaso de la gestión no depende solamente de aspectos materiales tales como la obtención de fuentes de financiamiento u otros recursos imprescindibles, ni de las trabas burocráticas o la acción de actores sociales externos a la comunidad contrapuestos al emprendimiento. La dificultad de poner "en común" las aspiraciones de los propios componentes de la comunidad, el consensuar entre ellos el proyecto a desarrollar y el operativizarse en pos de la tarea consecuente a dicho logro, suelen transformarse en obstáculos a superar. A ellos deben sumarse los derivados de las propias limitaciones y errores de los equipos de asistencia técnica.

A pesar de lo asistemático de algunos de estos procesos, cargados de voluntarismo y esencialmente pragmáticos, una observación crítica de las intervenciones realizadas permite establecer la existencia de una corriente reconceptualizadora que se extiende a las bases mismas de la arquitectura, el diseño urbano y la planificación física, entre otras disciplinas relacionadas con el fenómeno urbano, que tiene grandes coincidencias con corrientes similares en otros países de Latinoamérica y que puede concluir en su total renovación o sustitución por una propuesta superadora de las limitaciones de estas disciplinas para actuar en nuestros contextos nacionales.

Desde el punto de vista de la gestión, los procesos de consolidación urbana de asentamientos populares podrían clasificarse en tres tipos: de gestión institucional "con" participación comunitaria; de cogestión institucional-comunitaria y de autogestión comunitaria asistida.

Los primeros, *de gestión institucional "con" participación comunitaria,* son aquellos desarrollados por una institución gubernamental o no gubernamental en los que se promueve la participación de la comunidad en alguna o todas sus fases. Según el organismo patrocinante, varía la concepción de la participación comunitaria. Puede, por un lado, ser entendida como una mera necesidad de acercamiento a interlocutores válidos que garanticen la elaboración de un proyecto más adecuado y una mejor adaptación al medio una vez ejecutadas las obras de mejora. Por otro lado, puede tenderse a la promoción humana (familiar e individual) o comunitaria, sirviendo la mejora barrial de medio para ello. En cualquiera de los casos los equipos técnicos insertos en la institución promotora, adoptan un rol privilegiado y una actitud muchas veces paternalista. El saber reside en ellos y es transferido a la comunidad, cuyas necesidades y valores son traducidos a la programación, ejecución y evaluación de las tareas por la institución, que concentra el poder de decisión.

Los segundos, *de cogestión institucional-comunitaria*, adoptan la forma de interinstitucionales, en tanto es la organización comunitaria la que participa en igualdad de condiciones con la (o las) institución gubernamental y/o no gubernamental en el desarrollo de la programación, ejecución y evaluación de las tareas. En estos casos, la actuación del equipo técnico debería consistir en un nivel de asesoramiento para la toma de decisión de las entidades involucradas. Pero, generalmente, su rol es poco claro. Al pertenecer a una de las instituciones depende en gran medida para su desenvolvimiento de las estrategias establecidas por ésta, y es llevado a actuar como equipo de asistencia técnica de la organización barrial, cuyos intereses en algunas cuestiones pueden ser contrapuestos a los de las instituciones. E incluso, si el equipo intenta abrir la participación a la comunidad en su conjunto, debe enfrentar las resistencias y objeciones de la misma organización barrial que se siente invadida. Esto genera un clima de tensiones, presiones y aun sospechas que obstaculiza el desarrollo de las tareas. Esta poca claridad, a veces manifiesta en el rol, hace que las formas de desempeño del grupo profesional varíen notablemente de un caso al otro, tendiendo unas veces a modelos de tinte paternalista y otras a intentos fraccionarios de apoyar la autonomía comunitaria.

Los procesos enunciados en tercer lugar, *de autogestión comunitaria asistida*, implican que la programación, ejecución y evaluación de las tareas son desarrolladas por la misma comunidad con el apoyo de un equipo de asistencia técnica al que eligen libremente. Su vinculación a otras instituciones gubernamentales o no gubernamentales se establece, como con respecto a otros actores sociales, desde una posición en la que el poder de decisión le compete, más allá de que su ejercicio implique costosas negociaciones y concesiones a partir de la aceptación de las restricciones concretamente existentes para el desenvolvimiento del emprendimiento. El rol del equipo de asistencia está ligado a que la comunidad pueda potenciar al máximo su capacidad de gestión, y no debe responder a otros intereses más que a los de la propia población y su/s organización/es.

AUTOGESTION COMUNITARIA ASISTIDA DE ASENTAMIENTOS POPULARES URBANOS

Entendemos, entonces, por autogestión comunitaria asistida de asentamientos populares urbanos el proceso por el cual una comunidad programa, ejecuta y evalúa las acciones tendientes a la consolidación del espacio material y social del asentamiento en el que habita, a partir de reconocer críticamente la realidad donde está inserta. Cuenta para ello con la asistencia de un equipo técnico cuyo rol es colaborar en el desarrollo de las potencialidades comunitarias, y las operativiza en función del emprendimiento que la propia comunidad se estableció como meta.

Todo proceso de autogestión es fundamentalmente un proceso de aprendizaje. La asistencia técnica en estos casos debe dirigirse a generar los ámbitos adecuados para que este aprendizaje tenga lugar, y a develar los obstáculos que puedan presentarse en su desenvolvimiento.

El accionar de los profesionales no significa un punto de ruptura con el proceso desarrollado por la comunidad hasta ese momento, sino de inflexión. Su rol diferenciado, pero no privilegiado, los convierte en actores-"herramienta", aquellos que se asumen como instrumento de la comunidad para que ésta pueda cumplir con su propósito. Su acción sirve para que los destinatarios de la mejora adquieran conciencia de su protagonismo transformador.

De esta forma, apuntalarán a los pobladores para que ellos mismos formulen y caractericen sus problemas; fijen con claridad sus objetivos y metas (considerando las restricciones concretas existentes); busquen soluciones alternativas y las evalúen (sin dejar de tener en cuenta su real viabilidad). La comunidad será quien tome las decisiones y determine, en consecuencia, las acciones a seguir, midiendo sus fuerzas y valorando las posibilidades de éxito de cada una de ellas. Para esto establece acuerdos internos que le permiten cohesionarse y alianzas externas; supera conflictos y se organiza en un proceso de autopromoción. La asistencia colaborará para dejar al descubierto la magnitud y carácter de las pujas existentes, las contradicciones y contraposiciones de proyectos y los conflictos latentes.

Todo el proceso requiere sustentarse en una base de autenticidad que lo legitime. Así, la tarea de apoyo se orientará a la recuperación de la identidad comunitaria, mediante la reconstrucción de su memoria histórica colectiva, para luego hacer posible la formulación de un proyecto de vida común, en el cual se integre el proyecto de mejora del asentamiento.

Esta formulación admite la incorporación de profesionales sólo en la medida en que estén dispuestos, a su vez, a rever sus prácticas pasadas y a proyectarse desde el presente en una praxis reconceptualizada, creativa y conscientemente comprometida.

En realidad, en esta transformación del asentamiento no existe un único proceso de cambio. Más allá de lo que los objetivos de la tarea concreta señalen o que el trabajo se centre solamente en la transformación física del medio, pueden identificarse al menos tres procesos que se desarrollan en forma simultánea e interrelacionada:

—el proceso de transformación del espacio material y/o social,
—el proceso de transformación de la praxis profesional y
—el proceso de transformación de la praxis comunitaria.

El desenvolvimiento de cada uno de ellos no siempre reconoce una dinámica de cambio que los haga coincidentes. Lo que puede establecerse es que los cambios operados en cualquiera de ellos influirán en los otros de acuerdo con las condiciones objetivas concretas que presenten para operar modificaciones de forma consecuente. De los tres, la transformación del espacio material y/o social constituye el vehículo a través del cual se desarrollan los otros dos.

Equipo técnico y comunidad interaccionan según un vínculo creciente de sus respectivos roles (protagonista-asistente). Para que dicho vínculo se desarrolle, los roles se internalicen y el proceso general de transformación y autopromoción se desenvuelva, se torna imprescindible la generación de un espacio de "encuentro" que permita establecer una interrelación efectiva entre profesionales y pobladores.

AUTOGESTION COMUNITARIA

En el espacio de encuentro, la relación dialéctica que se entabla entre ambos componentes del par permite la producción de nuevas instancias cognitivas y de acciones compartidas, de naturaleza colectiva, en la cual radica su alto grado de creatividad y capacidad operativa.[10]

UN METODO DE TRABAJO PARA LA ACTUACION DEL EQUIPO DE ASISTENCIA TECNICA

En este trabajo, cuando hacemos referencia al método le damos un alcance general de procedimiento para arribar a un fin propuesto. Lo concebimos como un desarrollo dinámico y flexible. No lo hacemos como una receta paso a paso, donde una etapa constituye un hecho cerrado cuya conclusión es condición para iniciar la siguiente.

En ese sentido, nos hemos propuesto delinear un sistema de reglas operativas, una serie de indicaciones que sea la respuesta a los problemas genéricos planteados con el menor grado de error posible. En él se incluyen acciones que han demostrado cierto grado de éxito o que, al menos, permiten preverlo en un número elevado de casos posibles.

El método se centra en una tarea esencialmente comunitaria de rediseño y materialización del espacio construido del asentamiento, la que en realidad constituye un medio de autopromoción comunitaria y profesional, que se manifiesta en transformaciones profundas en sus respectivas praxis. Está compuesto por un procedimiento elemental cuyo desarrollo se sustenta en la utilización de cinco estrategias operativas dirigidas por dos principios básicos.

Principios básicos

Estos principios básicos constituyen los ejes que dan dirección al proceso. Los hemos denominado de *interacción activa* y de *identifica-*

---

10. Si bien ninguno de los equipos técnicos entrevistados contaba con psicólogos sociales entre sus miembros ni aplicaba metodologías ligadas a la técnica de grupos operativos formulada por Enrique Pichon Rivière, la interpretación teórica de estos procesos interactivos comunitarios encuentra en su modelo un marco conceptual sumamente valioso. De la misma forma, muchos de los planteos respecto de dicha dinámica verifican la influencia de Paulo Freyre y su *Pedagogía del oprimido*, y de Alfredo Moffat y su *Psicoterapia del oprimido*.

ción histórica. El primero constituye el eje de la *sincronía* y el segundo el de la *diacronía*.

Definimos como interacción activa al principio por el cual la comunidad es consciente de las interacciones que se establecen entre los actores sociales, directa o indirectamente involucrados en el proceso de mejora del espacio del asentamiento, y se activan los mecanismos vinculares que permiten potencializar positivamente estas interacciones sociales para alcanzar las metas deseadas.

La interacción activa supone que la comunidad, una vez que alcanza clara conciencia de los vínculos que la ligan a los distintos actores sociales y a éstos con la producción del espacio y que reconoce los mecanismos a través de los cuales dichos vínculos se establecen, se encuentra capacitada para diseñar líneas de acción que le permitan potenciar dichas interacciones en beneficio del emprendimiento y readecuar sus metas en función de sus probabilidades concretas de éxito.

Definimos como identificación histórica al principio por el cual la memoria histórica colectiva es activada a efectos de que la comunidad pueda tomar conciencia de los rasgos constitutivos de su identidad y de la manifestación adecuada de ésta en el espacio, y sistematizar su praxis pasada como base de autenticidad que le permita, desde el presente, proyectarse al futuro, definiendo un proyecto común.

La identificación histórica supone que, sin conciencia clara de la propia identidad, todos los vínculos que se establecen se encuentran alienados, incluyendo los vínculos con el espacio material. Sólo a partir de un pasado reconocido y reelaborado en el presente es posible conformar prefiguraciones que impliquen la formulación de un proyecto de vida comunitario en el que se incluya un proyecto adecuado de mejora del asentamiento, con la transformación del espacio material.

Las luchas de los sectores pobres y empobrecidos urbanos por acceder a mejores condiciones de vida y las estrategias por ellos desarrolladas en la producción del espacio constituyen una praxis histórica irrenunciable que debe ser evaluada, reformulada, difundida e intercambiada para enriquecer presente y futuro.

Estrategias operativas

Las estrategias operativas definen una modalidad de acción. Son formas de actuación para adoptar por el equipo profesional en el seno de ese particular espacio vincular en el que se desarrolla su "encuentro" con la comunidad.

Permiten concretar la tarea según los ejes direccionales de los dos principios básicos anteriormente descritos, y constituyen un sistema operacional cuya fertilidad radica en su aplicación simultánea y consecuente.

Se originan en supuestos teóricos relativos al conocimiento y operacionalización adecuada del espacio ligado a una comunidad con características socioculturales que le son propias.

Las estrategias operativas identificadas son cinco, y las hemos denominado: interdisciplinaria, participante, participativa, de la incorporación del conflicto y de la incorporación de la solidaridad y cooperación.

La *estrategia interdisciplinaria* es aquella mediante la cual las operaciones de transformación del espacio en los asentamientos populares son encaradas de forma integral, con la asistencia de un equipo profesional en el que confluyen miembros de distintas ciencias y disciplinas, los que interactúan dando lugar a un abordaje acorde con el nivel de complejidad de la realidad concreta con la que se enfrentan, ya que permite describirla, explicarla y operarla en su multidimensionalidad.

Dicha estrategia parte del supuesto de que el espacio es multidimensional (el espacio material es sólo una de sus dimensiones), por lo cual toda acción modificadora debe concebirse integralmente, garantizando el conocimiento de las mutuas implicaciones entre dimensiones y, por lo tanto, garantizando la evaluación previa efectiva de cada operación hasta sus consecuencias más secundarias.

Desde esta perspectiva, el rol que les cabe a los profesionales tradicionalmente ligados al diseño y materialización del espacio es relativizado, incorporando interactivamente a aquellos ligados a las dimensiones "no materiales" del espacio, como sociólogos, antropólogos, psicólogos sociales, trabajadores sociales y abogados, entre otros, cuyo aporte se torna imprescindible.[11]

Las *estrategias paticipante y participativa* parten del supuesto de que el espacio es una producción sociohistórica (incluso como categoría conceptual) que varía con el grupo cultural concreto al que se asiste. Por lo tanto, su conocimiento y operacionalización no pueden ser asumidos solamente por los profesionales, ni únicamente desde su posición sociocultural, altamente condicionada por los modelos internalizados a través de su formación académica. Por el contrario, es la comunidad la que debe proveer las imágenes y prefiguraciones necesarias.

El rediseño y la mejora del espacio físico del asentamiento, para ser adecuados, requieren que en el espacio vincular de encuentro se produzca una real relación dialéctica entre los dos tipos de conocimientos distintos y complementarios que aportan ambos componentes del grupo: el predominantemente científico-técnico del equipo profesional y el predominantemente vivencial de la comunidad. Esto da lugar a una nueva instancia cognitiva que se instala de forma consciente en la comunidad y permite, a partir de ella, una vez apropiada, diseñar y ejecutar acciones modificadoras adecuadas a esta nueva instancia.

Desde esta perspectiva, el rol que tradicionalmente cabe a los profesionales es relativizado, incorporando interactivamente a la comunidad en su vínculo vivencial con el espacio.

Si la primera estrategia (interdisciplinaria) se basa en las múltiples dimensiones del espacio, la segunda y la tercera (participante y participativa) se basan en el reconocimiento de los verdaderos protagonistas en su producción.

La *estrategia participante* es aquella por la cual el equipo profesional se compromete conscientemente con el hábitat en el que opera y la comunidad ligada a él; implica un cambio en las conductas relacionales de los profesionales que lo componen, a partir de aceptar que su conocimiento no es el único válido, que sus valores no son universales y que si quieren describir, explicar y operar en esa reali-

---

11. Este desplazamiento del rol hacia las profesiones del área social ha permitido un avance notable en la gestión del hábitat popular, pues ha facilitado la comprensión de las relaciones existentes entre los patrones de comportamiento cultural y el espacio material.

dad concreta deberán desobjetivarla e involucrarse en ella como sujetos activos.

Una de las cuestiones relativas a la aplicación de esta estrategia, en simetría opuesta a otras formas de trabajo, es que implica una opción de vida, una actitud diferente frente al otro y a uno mismo. Pero esta estrategia no significa ponerse en el lugar del otro, sino aprehender la realidad partiendo de que el profesional tiene una percepción distinta de la realidad respecto de la que tiene la propia comunidad, y que ambas visiones son parciales y complementarias.[12]

Ser sujeto activo no implica renunciar al conocimiento científico, ni siquiera repudiar la propia extracción social; significa, sí, comprometerse, involucrarse con el medio en el que se actúa, pero a partir de una visión crítica del propio presente y pasado que permita, asumiendo defectos y limitaciones, volcar lo mejor de sí en el trabajo compartido.

La *estrategia participativa* es aquella mediante la cual las transformaciones por operarse en el espacio material del asentamiento son producto de la decisión consciente de la comunidad, sin cuya intervención sería imposible describir, explicar u operar su realidad adecuadamente.

En esta estrategia se otorga el carácter de sujeto activo a la comunidad y se reconoce y refuerza su rol protagónico en la producción del espacio y en toda prefiguración relativa a él, es decir, en toda actividad ligada a su diseño y construcción.

Para su desarrollo, esta estrategia requiere de la generación, por parte de los profesionales, de canales apropiados de participación comunitaria y de un alerta permanente que permita percibir las interferencias que se produzcan para que no se transformen en obstáculos insalvables.

Las siguientes dos estrategias se corresponden a la dinámica propia de los procesos grupales y comunitarios.

La *estrategia de la incorporación del conflicto* es aquella por la cual el equipo profesional incorpora al proceso de transformación del espacio material del asentamiento a los conflictos sociales existentes

---

12. No se trata de adoptar una posición equidistante entre las Emic y Etic en antropología, sino hacer consciente el vínculo de complementariedad e involucrarse en él comprometidamente.

como elementos de motorización de aquél, partiendo de no obviarlos y generando los mecanismos que los hagan aflorar oportunamente cuando el estado de fuerzas de la comunidad les permita concienciarlos y superarlos.

Esta estrategia parte de suponer y aceptar la existencia de situaciones no armónicas en todo grupo social, las que se manifiestan en la presencia de estratificaciones internas, en muchos casos profundamente injustas, y en el desarrollo de procesos relacionales en crisis.

La comunidad debe ser consciente de los conflictos en los que está involucrada, pues sólo así podrá superarlos. Tomar conciencia del conflicto es aprehenderlo en su esencia, y esa claridad de conocimiento permite plantear acciones que pueden minimizarlo o suprimirlo.

Cada conflicto interno superado implica un avance en el crecimiento grupal y una nueva instancia de maduración colectiva; a su vez, refuerza los vínculos asociativos en el grupo y permite fijar la atención en los conflictos más profundos en la producción de espacios para los sectores marginados, que son los existentes entre la comunidad y otros actores sociales externos a ella.

Todo conflicto social tiene una manifestación en el espacio o en las decisiones relacionadas con su diseño y construcción. La no resolución de conflictos en la comunidad impide prefiguraciones adecuadas u obstaculiza su materialización. Por el contrario, la resolución de un conflicto permite acuerdos y alianzas que se expresan en saltos cualitativos importantes en el avance del emprendimiento.

La *estrategia de la incorporación de la cooperación y la solidaridad* es aquella por la cual el equipo profesional incorpora al proceso de transformación del espacio material del asentamiento la experiencia comunitaria de cooperación y solidaridad en la resolución de sus problemas cotidianos, resaltando su valor y promoviendo su utilización.

Esta estrategia metodológica no hace más que incorporar mecanismos que la comunidad ha generado para su propia subsistencia y desarrollo. Parte de suponer y aceptar la existencia en todo núcleo social de redes de relaciones solidarias que permiten potenciar los escasos recursos disponibles, a la vez que fomentar la integración de sus miembros.

Las redes de relaciones que se apoyan en la ayuda mutua tienen carácter equitativo y actúan como multiplicadoras de los beneficios;

por ello es necesario que la comunidad tome conciencia de sus alcances reales y pueda, a partir de allí, establecer mecanismos que le permitan alcanzar sus propósitos de mejora del espacio material.

En la medida en que avanza la respuesta solidaria, se crece en la toma de conciencia de las propias fuerzas de la comunidad y de su capacidad de resolver problemas por sus propios medios. No obstante, tiene que tratarse de una práctica saludablemente autónoma y no de una sustitución de roles respecto de otros actores responsables, en especial de carácter gubernamental.

Como establecimos en un principio, estas cinco estrategias operativas no pueden constituir prácticas aisladas, ya que sólo cobran sentido en cuanto conforman un sistema operacional cuya fertilidad radica en su aplicación simultánea y consecuente y en su sustentación en los dos principios básicos de los que dimos cuenta. Sin la dirección que estos ejes proveen, la implementación de las estrategias carece de valor.

PROCEDIMIENTO ELEMENTAL

Todo proceso que implique la consolidación urbana de un asentamiento de características precarias y/o ilegales consta de una serie de intervenciones no necesariamente encadenadas según un orden lineal. Ellas están ligadas a la regularización de dominio de las tierras, la mejora urbano-ambiental del asentamiento y la relocalización temporaria de la población afectada.

Si el abordaje es integral, paralelamente se llevarán a cabo intervenciones referidas a prevención en materia de salud física y mental, capacitación y generación de empleo, entre otras.

Por todo lo dicho, y dado que estas operaciones variarán según el tipo de emprendimiento y las condiciones concretas de vida de la comunidad promotora, en el método no se realiza su especificación. En cambio, haremos referencia al "procedimiento elemental" a efectuar para enfrentar cada una de las múltiples problemáticas incluidas en cada intervención.

El procedimiento elemental se estructura según las fases del proceso de resolución de cualquier problema: planteo del problema; definición de objetivos; búsqueda de soluciones alternativas; elección de la solución más apropiada; programación de las acciones; ejecución y control; evaluación y crítica. Pero cada una de estas fases reconoce en su desenvolvimiento especificidades que surgen de la aplicación en ellas de los principios básicos y de las estrategias operativas.

• *Plantear el problema* significa que la comunidad debe adquirir una conciencia crítica de la situación en la que se encuentra inmersa (autodiagnóstico). Implica aprehender la circunstancia actual tanto del asentamiento como hecho material, como de la población que alberga, y poder identificar los actores sociales involucrados en el futuro emprendimiento, estableciendo el vínculo que los liga y los mecanismos a través de los cuales se produce tal articulación.

Durante esta fase, el equipo técnico colaborará aportando su conocimiento científico-disciplinar de forma dialéctica a efectos de complementar el conocimiento predominantemente vivencial que de su situación tienen los pobladores. De tal interacción surge una síntesis cognitiva que, instalada conscientemente en la comunidad y apropiada, le permite visualizarse más objetivamente. Los profesionales los orientarán, también, hacia la consideración de circunstancias similares en otros momentos históricos para determinar el grado de semejanza que presentan, y para analizar, por último, las ventajas y desventajas que les reporta.

Si la primera fase se ha desarrollado convenientemente, la de *definición de los objetivos* consistirá en que la comunidad proponga aquello que desea transformar, evaluando lo que desea que permanezca igual y lo que quiere cambiar. No obstante, la segura existencia de contradicciones entre las aspiraciones de los mismos pobladores demandará la intervención del equipo para lograr nuevos niveles de síntesis que conlleven la puesta en "común" de los intereses en juego.

La siguiente fase de *búsqueda de soluciones alternativas* requiere un alto grado de creatividad. Cuanto mayor sea el número de salidas propuestas, mayores serán los elementos con los que se contará. En este caso, el equipo no sólo aportará su conocimiento, complementariamente, sino que también canalizará la búsqueda, de forma tal que no sean "prejuiciosamente" descartadas de antemano soluciones posibles.

Para cada alternativa de solución hará falta establecer las acciones a seguir; los recursos necesarios para su implementación; los actores sociales que directa e indirectamente se verían involucrados y los mecanismos de vinculación propuestos para cada articulación. Al respecto, las consideraciones son similares a las de la fase de autodiagnóstico, pero esta vez con un sentido prospectivo de la comunidad.

Una vez que se cuenta con el abanico de alternativas se pasa a la fase de *selección de la más apropiada*. Esta, en última instancia, estará dirigida a elegir la solución con mayor probabilidad de éxito y no la mejor de forma abstracta. Por ello, es muy importante la actitud del equipo profesional en su relación dialéctica con la comunidad, ya que la mejor alternativa técnica es previsible que no sea la más exitosa.

Al analizar la conveniencia de cada solución será indispensable establecer: la factibilidad de disponer de los recursos humanos y materiales necesarios para llevar a cabo las acciones que demande; las ventajas y desventajas derivadas de cada una de estas acciones; el grado de conflicto interno esperable y los acuerdos que sería necesario establecer para su superación; el grado de conflicto externo esperable y las alianzas necesarias para su superación.

Estas dos últimas cuestiones son de suma importancia, ya que, dadas las condiciones de gran vulnerabilidad del asentamiento y su núcleo social, seguramente no habrá acción para que su desenvolvimiento no implique la existencia de una puja. En función de esto, para la selección, se identificarán los actores sociales involucrados en el escenario supuesto del conflicto, determinando los acuerdos y alianzas necesarios y la capacidad de negociación y concesiones que a través de ella debería realizar la comunidad. Estas previsiones también requerirán recurrir a la experiencia histórica.

Una vez producida la selección, la *programación de las acciones* a desarrollar constituye la fase de planificación a la que no sólo apuntalarán los conocimientos específicos de algunos profesionales del grupo de trabajo, sino el sentido común de los pobladores. Para cada acción es necesario establecer el o los responsables de su ejecución. Esto implica una redistribución de roles en la que deberán reconocerse los liderazgos particulares frente a cada tarea como forma de operativizarse. Prever la existencia de los recursos materiales y humanos en el momento adecuado es otro de los objetos de la programación.

La *ejecución* es la fase que mayor operatividad requiere del grupo encargado y, por ende, la de mayor grado de compromiso. Si la programación ha sido detallada, para cada paso se contará con una especie de "libreto" para que el responsable de ella pueda llevarla a cabo sin que las dudas lo "paralicen" o decisiones imprevistas hagan fracasar el emprendimiento. A su vez, si la evaluación previa de las alternativas fue conscientemente desarrollada, sabrá de antemano cuáles son los obstáculos que pueden llegar a presentarse en la ejecución y cómo superarlos.

El *control* durante la ejecución está ligado a la realización de un seguimiento que permita establecer si las acciones programadas se van cumplimentando, para evitar retrasos que impidan llevar a cabo otras acciones encadenadas. La ejecutividad es uno de los puntos más flojos de la autogestión, por ello en la actualidad la capacitación en la materia es la más requerida, dado que la lentitud en este tipo de emprendimientos siempre "juega en contra".

Desarrolladas las acciones previstas, éstas deberán ser *evaluadas* y *criticadas* (última fase) no sólo para determinar, si fuese necesario, correcciones en el rumbo elegido, sino, también, para que el aprendizaje que se extraiga de ellas sea conscientemente internalizado. Para ello se requiere establecer: el grado de éxito alcanzado; los obstáculos encontrados y su grado de superación; los conflictos no previstos y su grado de superación; el grado de posibilidad de satisfacción con que funcionaron los mecanismos de articulación elegidos en el vínculo con los distintos actores sociales, y si todos los recursos, tanto humanos como materiales, estuvieron a disposición en tiempo y forma.

Centrar el trabajo del grupo de apoyo a la comunidad en el desarrollo del procedimiento elemental cada vez que sea requerido y no en las grandes fases del proceso de consolidación permite hacer más dinámica la propuesta metodológica, acercándola a los requerimientos concretos de este tipo de intervención. De este modo, tal vez el planteo del problema de ubicar un predio adecuado para relocalizar temporariamente a los pobladores mientras se realizan las obras, se superponga con la selección de las alternativas de sistemas constructivos para las nuevas viviendas o con la evaluación de las acciones encaradas para obtener la regularización de dominio o cualquier otro.

Seguramente, los aprendizajes obtenidos en la resolución, exitosa o no, de cada uno de los múltiples problemas encarados alimentará como experiencia a los otros, permitiendo retroalimentaciones también múltiples.

Apenas si se han delineado algunos aspectos salientes de un método ideado para que un equipo de asistencia técnica pueda servir de apoyo a una comunidad comprometida con la transformación del asentamiento que habita. También resulta relevante proponer técnicas instrumentales, así como profundizar en el proceso de cambio del espacio material y/o social del asentamiento en sí mismo y en el de los profesionales componentes del equipo de asistencia —como grupo y como individuos—. Hacia allí apunta ahora el desarrollo de la investigación.

BIBLIOGRAFIA

IIED América Latina: "ONGs, hábitat y desarrollo en América latina", *Revista de Medio Ambiente y Urbanización*, Nº 32, setiembre de 1990, Buenos Aires.

Instituto de la Vivienda de la Provincia de Buenos Aires: "Programa Reconstrucción de Barrios", Subsecretaría de Urbanismo y Vivienda, 1990.

Leguizamón, Hugo y Pucci, Lucila: "La dimensión económica de la unidad doméstica en los sectores marginales urbanos", trabajo inédito mimeografiado, 1986.

Pucci, Lucila: "Diseño, espacio e identidad. La consolidación de asentamientos marginales urbanos", SICO-FADU-UBA, 1988, trabajo mimeografiado.

"Hacia la transformación asistida de Asentamientos Populares Urbanos", SIP-FADU-UBA, 1990, trabajo mimeografiado.

Riofrio, Gustavo: *Habilitación urbana con participación popular,* Eschborn, GTZ, 1986.

Santana, Pedro: *Mejoramiento barrial*, Eschborn, GTZ, 1986

Ziss, Roland *et al*: *Política y gestión del mejoramiento urbano en América latina*, Eschborn, GTZ, 1987.

7. CONSTRUYENDO TERRITORIOS. MIGRACION, MARGINALIDAD Y ORGANIZACION SOCIAL

Podría haberme quedado aquí para siempre, sin animarme a pasar el límite, sin poder ver qué había más allá de la barrera del tren. Pero haberlo pasado también me da un compromiso conmigo mismo de enseñar a otros lo que aprendí.

RICARDO R.,
poblador del Barrio San José

I

Este capítulo se basa en el trabajo realizado con familias que viven en asentamientos y villas miseria del conurbano bonaerense, en el marco del Programa Reconstrucción de Barrios[1] de la Subsecretaría de Urbanismo y Vivienda de la Provincia de Buenos Aires.

Dichas formas de hábitat son producto de políticas que han permitido la libre especulación del suelo urbano y la proliferación de subdivisiones ilegales, justamente en las áreas donde se han asentado los sectores de menor ingreso, condenándolos a vivir en barrios marginales. Esto determina la aceptación de sociedades urbanas segregadas, sin participación en la planificación y gestión de sus necesidades, limitando de este modo sus potencialidades. Cuando se permiten estos asentamientos como lugares de vida para los sectores de bajos ingre-

---

1. El Programa Reconstrucción de Barrios se llevó a cabo durante la gestión del arquitecto Oscar Ballestieri. Coordinado por el arquitecto José Miño, el equipo estuvo constituido por los arquitectos Daniel Damiani y Gabriela Mercerat y los licenciados Gerardo Bacalini, Elina Dabas, Leticia Ellena, Susana Ferraris y Sara Martínez.

sos se está determinando el tipo de cultura y de sociedad que tendremos. *Es muy factible que la relación entre la gente y su entorno desaparezcan* (Hardoy, J., y Satterthwaitte, D., 1987).

La gran mayoría de las familias ha sufrido un proceso de migración con la consecuente ruptura de la red social de pertenencia.

Algunas de ellas comienzan a agruparse en torno de necesidades específicas para resolver, fundamentalmente ligadas primero a la obtención de la tierra, luego a la del agua y otros servicios esenciales.

Comienza así un germen de organización que podemos denominar *organización de base*, que en algunos casos acrecentará su accionar, movilizando de este modo a los pobladores de los asentamientos hacia la consecución de nuevos logros.

La tarea realizada a lo largo de dos años nos permitió comprobar que el rearmado de la red social se basa fundamentalmente en la inserción activa y protagónica en la organización barrial, sea ésta primero una organización de base, o luego adquiera la forma de cooperativa, mutual o sociedad de fomento. Esta participación tiene proyecciones inimaginables tanto sobre el grupo familiar como sobre la propia organización intermedia.

En la elaboración de este trabajo se tomó en cuenta el material producido por los pobladores en los Talleres de Capacitación, organizados por el equipo del Programa Reconstrucción de Barrios, así como por testimonios recogidos a través de "historias de vida".

Partimos de que todo protagonista pertenece a una cultura y a una sociedad, y a las ciencias sociopsicoantropológicas les debería interesar la sociedad, la cultura, el pueblo, que están en el hombre mismo, detrás de su pensar y su obrar: el hombre exponente, representante, manifestador, productor, producido o prisionero de ellos.

Una historia de vida surge a partir de un pedido de un investigador, operador o trabajador social para que una persona narre su vida. Se inicia de este modo una interacción que construye un espacio nuevo, que, al modo del transicional, posibilitará un juego creativo entre ambos. La confianza, condición que Winnicott enunciara para que el jugar aconteciera, precede a este encuentro. El relato abrirá la posibilidad de nuevas significaciones a través de un oyente respetuoso, que se permita sorprenderse con lo que escucha y que preguntará desde el lugar del "desconocimiento", permitiendo así el descubrimiento de articulaciones ignoradas.

Dicha historia de vida constituye un momento de un proceso que incluye a la persona en su medio cultural, en su familia, en su propia praxis. De este modo, el relato es considerado como un "eslabón en una cadena de transmisión social" (Magrassi y Rocca, 1986), que da cuenta de una dimensión biopsicosocial, tanto diacrónica como sincrónica.

II

Pasar el límite impuesto para algunos se convierte en un desafío, para otros en una imposibilidad. Pero, ¿de cuál límite hablamos? Este es una construcción social, realizada por una persona, por una familia o por una población. Significado a veces por fronteras geográficas ocupa un espacio significativo en la vida de los grupos sociales.

> Cuando éramos chicos, nos amontonábamos en la esquina y nos preguntábamos: "¿De la vía del tren para allá, qué hay?", sin animarnos a cruzarla. (Ricardo)[2]

En los distintos contextos sociales un número cada vez mayor de personas y familias se reubican geográficamente por distintas razones. Esta reubicación algunas veces significa "pasar el límite"; otras se constituye tan sólo en una relocación sin que aquél pueda ser trascendido. La construcción de un "nuevo territorio" estará en íntima relación con que se rearme la red social tanto en sus características estructurales, en las funciones que ésta cumple, como en los atributos de los lazos prevalecientes.

De todos modos, es imposible considerar que estas situaciones implican una crisis en el nivel tanto individual como familiar.

Según Pittman, una crisis se produce cuando una tensión afecta a un sistema y requiere un cambio que se aparta de su repertorio usual (Pittman, 1990).

McCubbin y Patterson han definido una tensión (o *stressor*) como un evento en la vida que impacta a los integrantes de un grupo fami-

---

2. Los testimonios provienen de familias que habitan asentamientos del conurbano bonaerense. Nuestro agradecimiento a la familia Ríos (Don Cosme y su hijo Ricardo), a Graciela Balzano y a Juana González.

liar y produce o tiene un potencial para producir un cambio en el sistema social de la familia.³

> Cuando se acabó el trabajo en la represa de Salto Grande mi marido se quedó sin ocupación, no podíamos ya pagar la cuota del departamento. El se vino a la Capital a buscar trabajo. Perdimos la vivienda y yo me vine con los cuatro chicos para acá (Graciela).

> La familia de mi mamá se vino en el 57. Eran 14 hermanos. Allá vivían con la expectativa de ver qué comían cada día. Acá cambió la forma de vida. Había mucho trabajo y entre mi abuelo y los hijos mayores la familia se solventaba mejor. (Ricardo)

Es evidente que en ambos casos una sumatoria de procesos acabaron con el funcionamiento implícito que las familias tenían hasta ese momento. En las situaciones de crisis, las perturbaciones provenientes del exterior, en conjunción con las condiciones internas del sistema, en lugar de ser reabsorbidas por él se amplifican excediendo sus umbrales de estabilidad (Mesterman, S., 1990). En el caso de la segunda familia, la crisis parece constituir un desajuste transitorio que, luego de un período de inestabilidad, desaparece.

Más adelante veremos cómo este modo de resolverla a través de un mayor aglutinamiento familiar repercute en las soluciones adoptadas frente a otros momentos críticos, lo cual posibilita una nueva adaptación de la familia que se amplifica sobre la red social de pertenencia.

> Al poco tiempo de llegar a la ciudad uno de los chicos se enfermó. Tuvo meningitis, después de lo cual quedó con problemas tanto en casa como en el colegio. Además, cada vez que nos cambiábamos de casa tenía un ataque (Graciela).

---

3. Véase McCubbin, H, y Hamilton, J.: "Transiciones familiares, adaptación al stress", en McCubbin, H., y Sigley, C. (comps.), 1983.

En esta situación, la resolución de la crisis se dificulta, ya que a una crisis de estrés se sobreagrega otra de desvalimiento (Pittman, 1990).

En ambos casos, los factores de tensión parecen presentarse de golpe, son intensos y el tiempo de ajuste a los cambios que implican parece ser prolongado. En esta segunda situación podremos analizar claramente cómo la relación con la comunidad genera las posibilidades de adaptación y de superación de la crisis de esta familia.

III

Retomando la temática de la migración como uno de los factores que contribuyen a una posible desorganización del sistema familiar, observamos que en nuestro medio social uno de los movimientos migratorios más importantes estuvo dado por un traslado masivo del interior del país hacia la ciudad, fundamentalmente por población proveniente del medio rural o semiurbano. La motivación fundamental fue de índole económica, ubicándose transitoriamente en viviendas precarias. Se constituyeron así los asentamientos urbanos, en la misma ciudad o en el primer cinturón que la rodea. Esta "transitoriedad" tiene en algunos casos más de treinta años.

Evidentemente, el proceso de migración y relocalización geográfica acarrea la ruptura de la red social de apoyo. Sluzki la ha definido como "...la suma de todas las relaciones que un individuo percibe como personalmente relevantes o que son de hecho relevantes...; define el nicho social de la persona y contribuye sustancialmente a su propio reconocimiento como individuo-persona" (Sluzki, 1990).

> Cuando terminé el servicio militar, mi papá me dijo: "Bueno, viejo, salí para ganarte las cosas por vos mismo". Agarré el bolso, me fui y nunca más volví (Don Cosme).

> Al llegar a la ciudad me encontraba perdida. No conocía a nadie. Todo me era extraño. El primer día que fui a trabajar me perdí. Cada vez que tenía que subir a un tren me daba ganas de llorar (Graciela).

La situación de ruptura de la red en familias migrantes se ve agravada porque con frecuencia se agrega una disminución del nivel social, lindante en algunos casos con la marginalización. Pasan de habitar un pueblo a la "ciudad ilegal", en condiciones de inhabitabilidad y degradadas, careciendo de servicios básicos (Hardoy y Satterthwaite, 1987). No nos cabe duda de que la marginalidad tiene estrecha relación con la carencia de empleo, de vivienda y con la situación de privación cultural de las mayorías desfavorecidas. Castel propone "ubicar las situaciones marginales al final de un doble proceso: el desenganche en relación con el trabajo y en relación con la inserción relacional" (Castel, 1991).

> Después de soportar inundaciones, incendios, la gente ya no quiere hacer más nada. Acaba dándole lo mismo tener un basural enfrente de la casa que tener el asfalto (Ricardo).

> Nos vinimos a vivir a un conventillo. En una habitación chiquita estábamos con los cuatro chicos. Tuvimos como cinco mudanzas. Tuve que salir a trabajar en el servicio doméstico por horas (Graciela).

Sobre este cuadro de progresiva pauperización, el esfuerzo central está puesto en la supervivencia cotidiana. Los integrantes de la familia van sufriendo una serie de problemas que son minimizados u obviados. Se los considera como "parte de la desgracia" que están viviendo. La sobrecarga que éstos implican, la dificultad o imposibilidad de recurrir a apoyo alguno, la hostilidad del medio, cierra aún más a las familias, que toman todo como lo que "el destino les deparó".

> Cuando salíamos a trabajar dejábamos a los hijos encerrados en una habitación. No podían salir a jugar afuera porque había un montón de chicos que ni conocían, que los peleaban. Prácticamente los abandoné. Ni al colegio los pude mandar al principio. Se me enfermaban a cada rato (Graciela).

Todo este proceso de readaptación va desdibujando progresivamente el mapa de la red anteriormente constituido. Si incluimos en él a todas las personas con que el sujeto interactúa, podremos observar cómo se pierden tanto las relaciones más cercanas (familia nuclear y amigos) como las intermedias (familia extensa y relaciones sociales) y las más externas y alejadas (vecinos, compañeros de trabajo o colegio).

> Lo de mi papá fue un corte rotundo. Se vino y desde el año 55 que no ve a nadie. Se enteró que su padre había fallecido por intermedio de una persona que viajaba cada tanto a Corrientes (Ricardo).

> Tenía una tía en Buenos Aires, ¡pero acá queda todo tan lejos! Además, nos vio llegar tan desesperados que tuvo miedo de que le pidiéramos algo, así que no nos dio ni la hora. ¿A quién le iba a pedir ayuda? Mi familia ya no existía para mí (Graciela).

IV

La generación de un nuevo mapa de red se constituye en una de las posibilidades de evitar la marginalidad, la cual es llamada por Castel *zona de desafiliación* (Castel, 1991).

Esta zona, marcada por la ausencia de trabajo y el aislamiento relacional, es precedida por la *zona de vulnerabilidad*, signada por el trabajo precario y la fragilidad de los soportes relacionales. Esta zona comprende a las personas que no tienen una pertenencia estable a una oganización social, marcando así el riesgo del deslizamiento hacia la desafiliación como situación permanente.

¿Cómo se genera, entonces, este nuevo mapa?

En primer lugar, es importante detectar *remanentes de la red anterior*.

> Tengo tres amigos que eran de mis pagos. De tanto en tanto nos juntamos, comemos un asadito y escuchamos música de allá (Don Cosme).

> Somos once hermanos. Cinco se vinieron para acá pero yo me doy con uno de ellos. Incluso mi hija más grande vive ahora con él para no tener que viajar tanto hasta el trabajo (Graciela).

En estos casos observamos que opera una red de mantenimiento. Ni siquiera es necesario demasiada frecuencia en el contacto. Saber que están cerca, que se cuenta con ellos, resulta ser muchas veces suficiente.

En segundo lugar, observamos a *miembros de la red que se reubican juntos*, generalmente la familia nuclear.

En último lugar, *los nuevos vínculos que se incorporan con el tiempo* (Sluzki, 1990).

En situaciones de crisis, los límites del sistema se aflojan posibilitando la entrada de cualquier otra persona que influya en el modo como éste opera.

En este aspecto hemos podido observar en las familias con las que trabajamos que la participación en la organización barrial resulta un elemento clave para la reconstrucción de la red. Dicha participación toma la forma de un trabajo social que posibilita movilizar las capacidades de los sujetos para salir de su situación de excluidos. El saberse capaces y el descubrimiento de las posibilidades de un accionar solidario redefine tanto su identidad como la del grupo social de pertenencia.

> Eramos tres en el barrio que andábamos de un lado para el otro, tratando de obtener los papeles de estas tierras. Pero faltaba organización. Cuando íbamos al municipio nos echaba el cafetero (Don Cosme).
>
> Cuando me mudé a este barrio volvió a aparecer la tranquilidad en mi vida. Pude dejar a mis hijos con confianza; los mismos vecinos te los cuidan (Graciela).
>
> Graciela se instaló en el terreno de al lado. Entonces ella me dio el paso del agua; cuando se iba a trabajar yo me quedaba con los chicos. De a poquito nos fuimos conociendo; yo le contaba del trabajo en la cooperativa del

barrio y ella me ayudaba a repartir notas a los vecinos (Juana).

Según lo planteado por McCubbin y Patterson, los recursos forman parte de la capacidad de la familia para satisfacer las demandas que emergen en el contexto de una crisis. Definen tres tipos de recursos que afectan la adaptación familiar a la crisis: a) los recursos personales de los miembros; b) los recursos internos del sistema familiar, y c) el apoyo social (McCubbin y Patterson, 1983).

En un trabajo anterior planteamos que las relaciones familiares se hallan en constante relación dialéctica con el conjunto de las relaciones sociales. Al hablar de relación dialéctica, nos referimos a que ésta implica un modo de relación que lleva a modificaciones tanto en el grupo familiar como en el medio social, estableciéndose así la posibilidad de transformación de las relaciones familiares en relaciones de producción social (Dabas, 1986).

> Cuando yo era chico escuchaba a mi papá decir que el cafetero los echaba. No lo podía creer, hasta que fui y me pasó lo mismo. Ahí me di cuenta de que no tenía que ir solo, que teníamos que organizarnos y reclamar que nos atendieran como correspondía (Ricardo).

> Mi hijo comenzó a trabajar en el barrio con entusiasmo. Es reconocido y querido por todos. Se hace respetar. Lo que tiene de bueno es que conversa mucho conmigo; me pregunta y yo lo aconsejo (Don Cosme).

El apoyo colectivo hace sentir a las personas y a las familias que pertenecen a una red que involucra obligaciones y comprensión mutua. En el caso de la familia de Graciela se evidencia cómo la disponibilidad de la red social posibilitó cambios en el nivel de los miembros de su familia, la desaparición de los episodios convulsivos en su hijo, el aprendizaje de una nueva función, entre otros, así como una posibilidad de resolución de la crisis permanente en que vivían, provocada por las sucesivas mudanzas. El grupo familiar elige ese barrio para quedarse y, a través de Graciela, sumarse a la ardua lucha de todos los vecinos por mejorar su hábitat.

> Trabajar en la comisión directiva de la cooperativa es tan distinto de todo lo que hice. Me cuesta aprender. Como tengo mala memoria anoto para después poder contarlo a los demás. Cuando algo me sale bien me pongo tan contenta... Ya llevo dos años en esto, ¡todo cambió tanto! Hasta mi hijo dejó de tener ataques (Graciela).

En relación con la situación de la famlia Ríos, podemos considerar que la modalidad que adoptó tanto la familia materna como paterna de Ricardo, décadas pasadas, resultó un aprendizaje útil. Desde un nivel que contiene seguramente elementos míticos, las familias son significadas como "energizadas", con una organización interna fluida, con funciones flexibles y poder compartido. Esta forma de organización promueve el crecimiento personal y la autonomía de decisiones en sus miembros. Hay un registro de "control sobre las oportunidades de la vida", en lugar de ser "fatalmente dominado".

De este modo las relaciones familiares realizan un pasaje a las *relaciones sociales*. Esto contribuye a la ruptura de mitos a través de una inclusión activa en el contexto social en que las personas se desenvuelven.

> Mi papá tuvo mucho que ver en esto de que yo me metiera en el barrio a trabajar. Mientras era chico no veía las cosas como él. Ahora recuerdo lo que él hacía. Es tan bueno ver cómo vamos creciendo en la organización barrial. Nos damos cuenta de que usamos la misma estrategia. Si va uno al municipio es como que van todos. Si uno se decae, hay alguien que lo levanta. Para mí, esto es sobresalir, no por ser el mejor sino por poder sacar la cabeza para ver qué hay arriba del pozo (Ricardo).

V

Podemos entonces continuar con el desarrollo del concepto de *red social*, que al igual que ella es un proceso tanto individual como colectivo permanente. En este punto diríamos que es un sistema abierto que a través de un intercambio dinámico entre sus integrantes y con integrantes de otros grupos sociales posibilita la potencialización de los recursos que se poseen. Cada miembro de una familia se enriquece a través de las múltiples relaciones que cada uno de los otros desarrolla.

La participación activa de alguno de ellos en la comunidad social de pertenencia puede restituir, en parte, el lugar social perdido. Esto abriría otros canales de relación y aumentaría así el campo de posibilidades.

Cabría seguir profundizando esta perspectiva en varias direcciones. Una sería acerca del papel de las mujeres en este proceso, ya que hemos observado cómo muchas de ellas se transforman en miembros muy activos de su comunidad, determinando modificaciones en la significación colectiva acerca de su función social. Otra estaría dada por la dinámica de las relaciones trigeneracionales, ya que hay barrios donde es notable la ausencia de personas mayores, mientras que en otros en que se incluyen, además de constituir un reaseguro para el cuidado de los más pequeños, se convierten en impulsores, directa o indirectamente, de la acción de la generación intermedia.

> El empuje fue por ellos. Ver la injusticia, el mal trato a las personas mayores, cómo los estaban usando. Cuando entendí que un cafetero no te puede echar, se lo transmití a toda la gente mayor. Uno tiene derecho a que le conteste las dudas la persona adecuada (Ricardo).

Resulta notable en estas comunidades cómo muchas relaciones significativas no están marcadas por relaciones de parentesco. Es común oír hablar de "el abuelo" o "la abuela", refiriéndose a un vecino mayor.

Tal vez sea una manera de visualizar cómo aquellas "formas extrañas", de las que hablaba Sluzki, dejan de serlo para constituirse en funciones de la red social (Sluzki, 1986). En una reciente reflexión, este autor planteaba que "tal vez durante toda nuestra vida nos ocupamos de rodearnos de familias, pseudofamilias y metafamilias para anclarnos en un medio familiar aun cuando estamos inmersos en macrocambios y procesos aleatorios". A través de los testimonios que hemos considerado en este trabajo, así como de otros registros que obtuvimos a lo largo de estos dos años, pudimos observar cómo la reinserción en una red relacional posibilita a las familias avanzar en el estado de crisis y provocar un "cambio discontinuo", lo cual implica la superación del límite de inestabilidad dinámica así como un cambio cualitativo (Mesterman).

VI

Hemos intentado aquí abrir una línea para pensar la construcción y la reconstrucción de la red social, a partir de situaciones críticas que devienen en nuevos y complejos aprendizajes. Este proceso se constituye tanto en una aspecto favorecedor de una mejor calidad de vida de una persona o una familia, como una de las mejores posibilidades de lucha contra la marginalidad. Sin duda, también las grandes políticas deben apuntar a ello, centrando sus objetivos en el empleo, la vivienda, la educación de los grupos sociales más desfavorecidos, pero debemos valorizar enormemente los esfuerzos que se llevan a cabo en las pequeñas comunidades, allí donde la vida cotidiana "acontece".

Los múltiples aprendizajes se realizan, se potencializan cuando son socialmente compartidos en procura de solucionar un problema común. Obviamente esto redunda tanto en beneficio del colectivo como de cada una de las personas y de las familias que lo conforman.

El cambio es producto de la propia acción y de la reflexión sobre ella; no es algo que viene dado por otros. Deja de ser percibido como una "ayuda" que se les brinda, para aer el resultado de un trabajo realizado *con* otros y *para* que esta transformación sea posible.

Los problemas dejan de ser visualizados como lo que el destino les depara para pasar a ser obstáculos frente a los cuales hay que pensar estrategias para resolverlos.

Cada persona, a partir de esta interrelación con su contexto, se enriquece con esta nueva mirada sobre su propia realidad a la vez que modifica la percepción de sí mismo desde este protagonismo social que realiza.

La red social abriría así la apropiación de su historia, de su propia vida.

BIBLIOGRAFIA

Castel, Robert: "La dinámica de los procesos de marginalización", Revista *Topía*, Año I, Nº II, Buenos Aires, agosto de 1991.
Dabas, Elina: "Familia y aprendizaje", Revista *Aprendizaje Hoy*, Año VII Nos. 12-13, Buenos Aires, 1986.
Elkaïm, Mony: *Las prácticas de la terapia de red*, Barcelona, Gedisa, 1989.
Hardoy, J. y Satterhwaite, D.: *La ciudad legal y la ciudad ilegal*, Buenos Aires, Grupo Editor Latinoamericano, 1987.
Magrassi, G. y Rocca, M.: *La historia de vida,* Buenos Aires, Centro Editor de América Latina, 1986.
McCubbin, H.y Sigley, C. (comps.): *Stress and Family*, Nueva York, Brunner and Mazel, 1983.
Mesterman, Silvia: "Evolución familiar y crisis. Una aproximación teórica", *paper* inédito, Buenos Aires, 1990.
Pittman, F.: *Momentos decisivos. Tratamiento de familias en situaciones de crisis,* Buenos Aires, Paidós, 1990.
Schumacher, E.F.: *Lo pequeño es hermoso*, Buenos Aires, Ediciones Orbis, 1983.
Sluzki, Carlos: "Disrupción de la red y reconstrucción de la red en el proceso de migración", *Revista Sistemas Familiares*, Año 6, Nº 2, Buenos Aires, agosto de 1990.
—"Familias, redes y otras formas extrañas", *Revista Sistemas Familiares*, Año 2, Nº 1, Buenos Aires, abril de 1986.
— "Migration and Family Conflict", *Family Process*: 18(1): 379
Subsecretaría de Urbanismo y Vivienda Provincia de Buenos Aires: Programa Reconstrucción de Barrios.
Winnicott, Donald: *Realidad y juego*, Buenos Aires, Granica, 1972.

GRUPOS E INSTITUCIONES

4. Bion, W. R.: *Experiencias en grupos*
5. Board, R. de: *El psicoanálisis de las organizaciones*
14. Selvini Palazzoli, M. y otros: *Al frente de la organización*
15. Schlemenson, A.: *Análisis organizacional y empresa unipersonal*
19. Butelman, I.: *Psicopedagogía institucional*
24. Etkin, J. y L. Schvarstein: *Identidad de las organizaciones*
26. Käes, R. y otros: *La institución y las instituciones*
44. Schlemenson, A.: *La perspectiva ética en el análisis organizacional*
45. Schvarstein, L.: *Psicología social de las organizaciones*
46. Marc, E., y Picard, D.: *La interacción social*
47. Mendel, G.: *La sociedad no es una familia*
48. Dabas, E.: *Red de redes*
49. Fernández, L. M.: *Instituciones educativas*
50. Butelman, I. (comp.): *Pensando las instituciones*
51. Schlemenson, A. y otros: *Organizar y conducir la escuela*
52. Kaës R.; *Sufrimiento y psicopatología de los vínculos institucionales*
53. Schvarstein, L.: *Diseño de organizaciones*
54. Kernberg, O. F.: *Ideología, conflicto y liderazgo en grupos y organizaciones*
56. Ianni, N. y Pérez, E.: *La convivencia en la escuela: un hecho, una construcción*